MANGA CHIBI TIERE

MANGA CHIBI ZEICHENKURS

NIEDLICHE TIERE

PHOEBE IM

@BOBBLEJOT

Die englische Originalausgabe erschien erstmalig 2021 unter dem Titel Cute Chibi Animals: Learn How to Draw 75 Cuddly Creatures bei Rock Point.

First published in 2021 by Rock Point, an imprint of The Quarto Group,
142 West 36th Street, 4th Floor, New York, NY 10018, USA. www.Quarto.com

Publisher: Rage Kindelsperger
Creative Director: Laura Drew
Managing Editor: Cara Donaldson
Senior Editor: Erin Canning
Cover and Interior Design: B. Middleworth

SERVICE-HOTLINE

Hast du Fragen oder gibt es ein Problem? Wir helfen dir gern. Ruf uns an oder schreib uns eine E-Mail:

Telefon: 0711 / 123 757 20*

*normale Telefongebühren

E-Mail: hilfe@frechverlag.de

Weitere Informationen zum Verlag und zu unserem gesamten Programm findest du unter: **www.topp-kreativ.de**

Für die deutsche Ausgabe
Übersetzung: Beate Wellmann, Heidelberg
Produktmanagement und Lektorat: Nele Schlötzer
Covergestaltung: Eva Hook
Herstellung: Katrin Röhlig
Satz: Fotosatz H. Buck, Kumhausen
Druck und Bindung: 1010 Printing International Limited
Gedruckt in China

MIX
Papier | Fördert gute Waldnutzung
FSC® C016973

Penguin Random House Verlagsgruppe
FSC® N001967

3. Auflage 2025

ISBN 978-3-7358-9126-6 • Best.-Nr. 29126
produktsicherheit@frechverlag.de

FÜR MEINEN GELIEBTEN MANN, DER MICH JEDEN TAG AUFS NEUE INSPIRIERT UND OHNE DEN ICH NIE DEN SCHRITT GEWAGT HÄTTE, MEINEN TRAUM ZU VERWIRKLICHEN, MICH IN VOLLZEIT DEM ZEICHNEN ZU WIDMEN.

UND FÜR MEINE WUNDERBARE FAMILIE, DIE MICH AUF JEDEM SCHRITT MEINES WEGES ERMUTIGT HAT UND OHNE DIE ICH GAR NICHT ANGEFANGEN HÄTTE, ZUM REINEN VERGNÜGEN ZU ZEICHNEN.

INHALT

HALLO!

Ich heiße Phoebe, alias Bobblejot. Angefangen zu zeichnen habe ich schon, als ich noch klein war, aber erst 2018 habe ich zu meinem jetzigen Kawaii-Stil (kawaii heißt "niedlich" auf Japanisch) gefunden. 2019 habe ich dann einen Webcomic mit einem Corgi und einer Munchkin-Katze entwickelt: *Tori and Samuel*. Seitdem denke ich mir immer neue Szenen dafür aus und teile sie jede Woche auf Social-Media-Plattformen wie Instagram und Webtoon.

Dass ich angefangen habe, einen Webcomic zu zeichnen, verdanke ich einer meiner Figuren, die mir sehr ans Herz gewachsen ist. Sie hat mich dazu inspiriert. Ich hoffe, dass mein Buch dir helfen kann, deine eigenen niedlichen Chibi-Charaktere und -Maskottchen zu gestalten!

WAS IST CHIBI?

Chibis sind als Miniaturausgaben der menschlichen Charaktere in japanischen Mangas und Animes bekannt. Man erkennt sie an ihren großen Köpfen und winzigen Körpern – beides Merkmale, die zu ihrem Kawaii- oder Niedlichkeitsfaktor beitragen. In Animes und Mangas tauchen Chibis oft als lustige Einlage in dramatischen Szenen und Momenten auf.

Im Laufe der Jahre sind Chibis vielfältiger geworden, mit unterschiedlichen Darstellungsformen, bei denen Details, Körperbau oder der Zeichenstil variieren. Im Grunde genommen sind Chibis so etwas wie stilisierte Karikaturen der normalen Charaktere; bestimmte Gesichtszüge oder anatomische Merkmale werden übertrieben, während das Gesamterscheinungsbild beibehalten wird. Hier sind ein paar typische Merkmale von Chibis:

- Ein großer Kopf mit kleinem Körper und kleinen Gliedmaßen
- Gesichter mit riesigen Augen aber kleinen Nasen und Mündern
- Hände und Füße können für einen demonstrativen Cartoon-Look übertrieben werden

Um eine Chibi-Tierfigur zu zeichnen, überzeichnest du die charakteristischen Merkmale des Tiers. Hier siehst du zum Beispiel eine Giraffe mit ganz normalen Proportionen, die neben einer Chibi-Giraffe steht. Beide haben dieselben typische Merkmale: eine Stehmähne, zwei Hörner, ein langer Hals und ein Schwanz mit Puschel.

Achte darauf, dass du deine Chibi-Giraffe nicht nur mit einem größeren Kopf und rundlichen Beinen zeichnest (typisch für Chibis), sondern ebenfalls die Merkmale stilisierst, die dafür sorgen, dass die Giraffe auch wie eine aussieht, wie Mähne, Hörner und Hufe.

ZU DIESEM BUCH

Nach ein paar nützlichen Informationen zu Zeichenwerkzeugen sowie Tipps und Tricks zum Zeichnen auf den ersten Seiten folgen 75 Schritt-für-Schritt-Anleitungen, die in vier Kapitel unterteilt sind: Säugetiere an Land; Säugetiere im Wasser & am Ufer; Vögel; und Amphibien, Fische, Reptilien & mehr.

Bei manchen Anleitungen erfährst du zusätzlich noch Funfacts zu dem betreffenden Tier, sodass du mit diesem Buch nicht nur etwas über Kunst, sondern auch über Tiere lernst. Los geht's!

ZEICHENWERKZEUGE

Für deine eigenen Zeichnungen kannst du jedes Werkzeug benutzen, mit dem du gut zurechtkommst. Die Zeichnungen in diesem Buch habe ich alle mit der MediBang Software für iPad Pro angefertigt, doch du kannst die gleichen Bilder auch mit traditionellem Zeichenwerkzeug, also beispielsweise Bleistiften oder Farbstiften, Kugelschreibern, Tuschestiften oder Markern, zeichnen.

TRADITIONELL

Wenn du deine niedlichen Tiere traditionell zeichnest, solltest du bei jedem Arbeitsschritt zuerst einen Bleistift benutzen und deine Zeichnung erst unmittelbar vor dem Kolorieren mit Tusche überarbeiten. Anschließend kannst du die Hilfslinien, die du bei den Schritt-für-Schritt-Anleitungen siehst, ausradieren. Erledige das, bevor du deine Farben aufträgst! Dafür solltest du dir einen guten Radierer anschaffen, der die Bleistiftlinien restlos entfernt.

1 Skizziere und zeichne deine Figur als Erstes mit einem Bleistift.

2 Wenn du zufrieden bist, überarbeite die Konturen mit Tusche. Alle Hilfslinien ausradieren und Farbe auftragen.

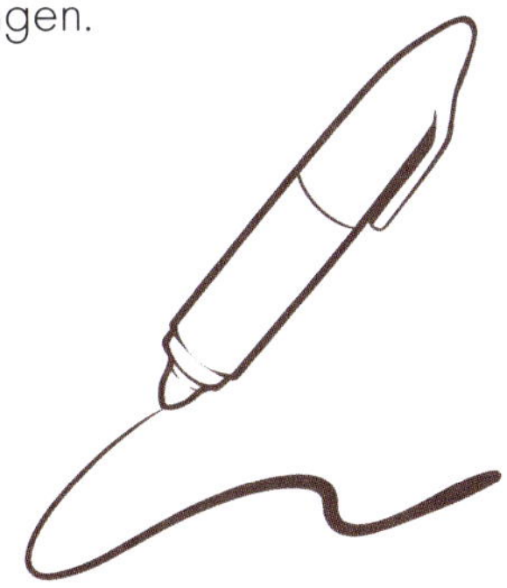

DIGITAL

Wenn du am Desktop oder Laptop arbeitest, sind Adobe Photoshop, PaintTool SAI und Clip Studio Paint, neben vielen anderen, für Künstler empfohlene Programme. Arbeitest du wie ich lieber mit dem iPad, sind unter anderem MediBang Paint und Procreate als intuitive Programme eine gute Wahl, da sie mit einer Vielzahl von Pinseln und nützlichen Funktionen ausgestattet sind, die dich beim Zeichnen unterstützen.

TIPPS UND TRICKS

In diesem Abschnitt teile ich meine Tipps und Tricks zum Zeichnen, Kolorieren, Schattieren und zu Konturen und Glanzlichtern bei Chibi-Tieren.

SKIZZIEREN UND ZEICHNEN

Damit deine Chibi-Tiere schön knuddelig und niedlich aussehen, solltest du darauf achten, dass deine Formen und Linien locker und weich sind, nicht hart und eckig. Arbeite mit geschwungenen Linien und runde Ecken und Spitzen von Dreiecken und Trapezformen ab.

HILFSLINIEN FÜRS GESICHT

Wenn du das Gesicht zeichnest und dabei mit Hilfslinien die Blickrichtung festlegst, wird es viel einfacher, Details wie Augen, Nase und Mund zu positionieren. Im Beispiel unten siehst du, dass die Augen mittig auf der horizontalen Hilfslinie liegen, die Nase sollte sich am Schnittpunkt der beiden Linien befinden und der Mund mittig auf der vertikalen Linie.

GESICHTSAUSDRÜCKE

Zeichne deine Tiere mit unterschiedlichen Gesichtsausdrücken, das gibt ihnen Charakter und macht sie sympathischer.

KONTUREN NACHZEICHNEN

Wenn du die Konturen mit Tusche nachziehst und dabei die Linienstärke nicht variierst, kann das Ergebnis etwas flach wirken.

Mit unterschiedlichen Linienstärken wirkt deine Zeichnung augenblicklich natürlicher und interessanter.

KOLORIEREN

In diesem Buch lernst du vor allem, wie man Chibi-Tiere zeichnet. Wenn du deine Charaktere dann auch kolorieren möchtest, ist hier beschrieben, wie du deine Figuren anmalen kannst.

1 Beginne mit der fertigen Konturzeichnung.

2 Ergänze die typische Fellzeichnung des Tiers. Verwende dafür einen Bleistift, wenn du von Hand zeichnest. Arbeitest du digital, legst du für die Skizze eine eigene Ebene an. Die Konturen werden ausradiert, beziehungsweise gelöscht, sobald du die Flächen koloriert hast.

3 A Wenn du die Zeichnung traditionell mit Farbstiften, Copic-Markern oder Watercolor kolorierst, malst du die Flächen nacheinander in den jeweiligen Farben an.

3 B Kolorierst du die Zeichnung digital, legst du zuerst die gesamte Fläche in der Grundfarbe an. Die Farben für die Fellzeichnung werden anschließend Ebene für Ebene ergänzt.

SCHATTIERUNG

Schatten hängen vom Einfallswinkel des Lichts ab. Im Beispiel unten befindet sich die Lichtquelle oben links. Die farbigen Kugeln neben jeder Figur zeigen, wie der Schatten der Farben aufgrund der Position der Lichtquelle aussehen muss.

GLANZLICHTER

Bei manchen Charakteren, deren Haut oder Oberflächentextur stärker reflektiert, solltest du den Stellen, die der Lichtquelle am nächsten sind, ein wenig Glanz verleihen. Im Beispiel mit dem Axolotl sind die Flächen, die der Lichtquelle zugewandt sind, in einer helleren Farbe dargestellt. Die Schatten verhalten sich genauso wie im oberen Beispiel.

ACCESSOIRES

Wenn du mit dem Zeichnen und Kolorieren deiner Charaktere fertig bist, kannst du sie noch mit niedlichen Kleidungsstücken oder Accessoires ausstatten. Da Chibis sehr klein sind, sollten diese Sachen am besten einfach gestaltet sein – zum Beispiel eine Tasche mit einem großen Knopf oder ein T-Shirt mit einem schlichten Aufdruck –, sodass das Ganze nicht überladen wirkt.

SÄUGETIERE AN LAND

ALPAKA

1.

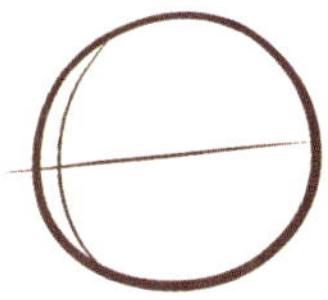

Zeichne einen Kreis für den Kopf, mit Hilfslinien, die zeigen, in welche Richtung das Alpaka guckt.

2.

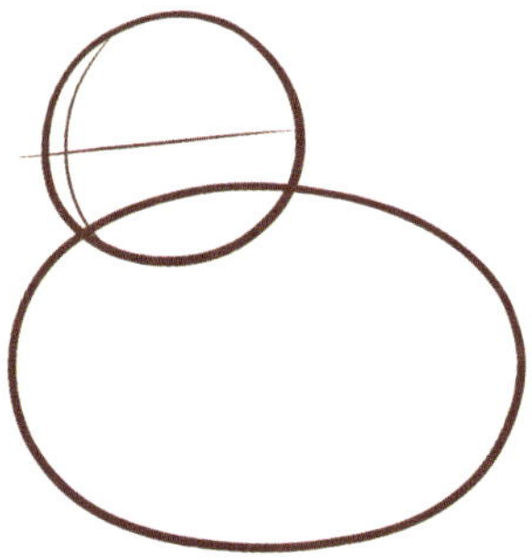

Skizziere ein großes Oval für den Körper, das sich mit dem Kopf überlappt.

3.

Ergänze als Ohr ein kleines eiförmiges Oval rechts oben am Kopf.

4.

Versieh den Kopf mit einer Schnauze.

5.

Überarbeite die Kopfform. Ergänze ein bogenförmiges Auge und die Nase, die wie ein Y aussieht.

6.

Nun bekommt das Alpaka seine Wolle. Überarbeite dafür die Kontur von Kopf und Körper.

7.

Schwanz und Ohr zeichnest du als kopfstehende U-Formen. Eine gebogene Linie im Ohr markiert die Ohrfalte.

8.

Jetzt ergänzt du noch drei U-Bogen für die Beine. Vervollständige sie mit Linien für die Hufe und fertig ist dein Alpaka.

AMEISENBÄR

1.

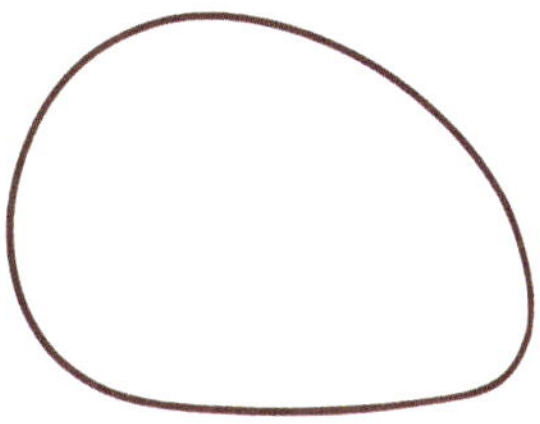

Skizziere eine große Ei-Form für den Körper.

2.

Für den Kopf zeichnest du zwei gebogene Linien, die an den Körperseiten ansetzen.

3.

Füge ein kleineres Oval innerhalb der Körperkontur als Hinterbein hinzu.

4.

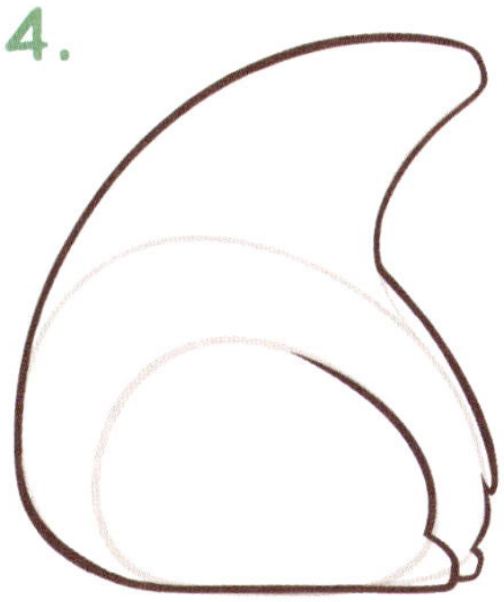

Orientiere dich an der Skizze und arbeite die Form von Kopf, Körper und Bein aus. Ergänze die Füße.

5.

Das Auge wird als Bogen dargestellt. Die Ohren sind kopfstehende U-Formen mit einer gebogenen Linie als Ohrfalte.

6.

Zeichne die Konturen eines gespiegelten C als Zunge.

7.

Ergänze den Schwanz und deute das Fell mit kleinen Bogen an.

8.

Jetzt nur noch die Bogen für die Fellzeichnung und der kleine Ameisenbär kann auf Futtersuche gehen.

POLARFUCHS

1.

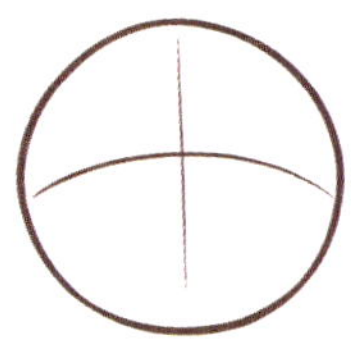

Beginne mit einem Kreis für den Kopf, mit Hilfslinien, die zeigen, in welche Richtung der Polarfuchs schaut.

2.

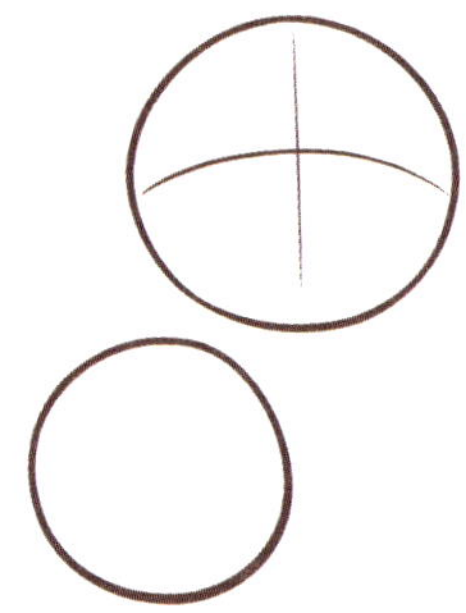

Mit einem kleineren Kreis schräg unter dem Kopf wird das Hinterteil skizziert.

3.

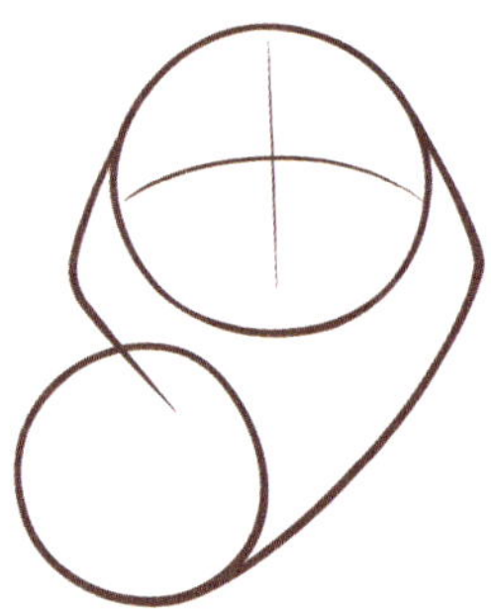

Verbinde die beiden Formen mit Linien, die in einem flachen Winkel verlaufen und die Form des Körpers andeuten.

4.

Arbeite die Form des Kopfs weiter aus, orientiere dich dabei an den Hilfslinien.

5.

Ergänze Augen, Nase und Mund. Die Augen zeichnest du als Bogen, die du ausmalst, die Nase als abgerundetes Dreieck und den Mund als Wellenlinie.

6.

Die Ohren fügst du als kopfstehende V-Formen hinzu, die „Augenbrauen" sind tropfenförmig.

FUNFACT: Polarfüchse sind die einzigen einheimischen Landsäugetiere in Island. Man findet sie auch in anderen Teilen der arktischen Tundra, zum Beispiel in Kanada, Russland und Norwegen.

7.

Zeichne für die Ohrfalte einen kleinen Bogen in jedes Ohr und deute im Ohr etwas Fell an.

8.

Mit geschwungenen Linien deutest du die Vorderbeine an.

9.

Füge die Pfoten hinzu.

10.

Arbeite die Form des Hinterteils weiter aus, halte dich dabei an die Linien der Skizze.

11.

Zum Schluss bekommt dein Polarfuchs noch einen buschigen Schwanz, der sich hinter dem Rücken an den Körper schmiegt.

FLEDERMAUS

1.

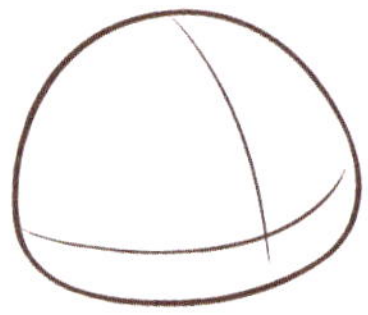

Zeichne eine abgerundete Trapezform für den Kopf und Hilfslinien, die die Blickrichtung der Fledermaus vorgeben.

2.

Füge für den Körper einen kleinen Kreis hinzu, der sich unten links mit dem Kopf überlappt.

3.

Zwei große, abgerundete, auf dem Kopf stehende V-Formen bilden die Ohren, zwei kleinere abgerundete V sind die Füße.

4.

Arbeite die Form von Kopf und Ohren weiter aus, wobei du dich an den vorhandenen Linien orientierst.

5.

Positioniere Augen und Schnauze an den Hilfslinien. Leg die Augen als Bogen an, die du flächig ausmalst. Die Schnauze sieht aus wie ein kleiner Schweinerüssel.

6.

Unter dem Kopf wird ein wenig Fell um den Hals ergänzt.

7.

Überarbeite die Konturen von Körper und Füßen anhand der Skizze.

8.

Zum Schluss bekommt die Fledermaus noch ihre Flügel, je drei Linien verleihen ihnen Textur.

BÄR

1.

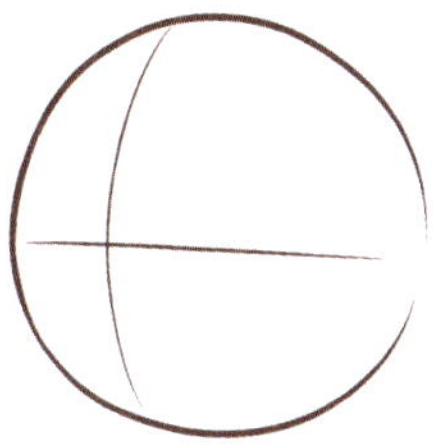

Der Kopf wird mit einem Kreis gezeichnet. Die Hilfslinien zeigen, in welche Richtung der Bär guckt.

2.

Zwei auf dem Kopf stehende U-Formen bilden die Ohren.

3.

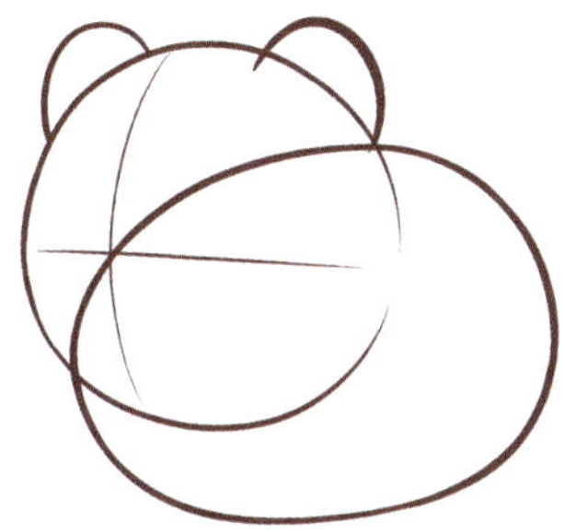

Zeichne als Körper ein großes Oval, das sich rechts mit der unteren Hälfte des Kopfs überschneidet.

4.

Die Form des Oberkopfs und der Ohren wird anhand der Skizze überarbeitet. Deute mit kleinen Bogen in den Ohren die Ohrfalten an.

5.

Ergänze ein wenig Fell an der linken Kopfseite und definiere die Schnauze mit einem Bogen.

6.

Arbeite die Körperumrisse anhand der Skizze aus.

7.

Positioniere Augen, Nase und Mund entlang der Hilfslinien. Die Augen haben eine langgezogene Tropfenform, die Nase besteht aus einem abgerundeten Dreieck, der Mund ist eine Wellenlinie.

8.

Dein Bär bekommt jetzt noch Vorderbeine aus zwei kräftigen U-Formen, ein Hinterbein als geschwungene Linie und einen Schwanz in Form eines kleinen U.

WILDSCHWEIN

1.

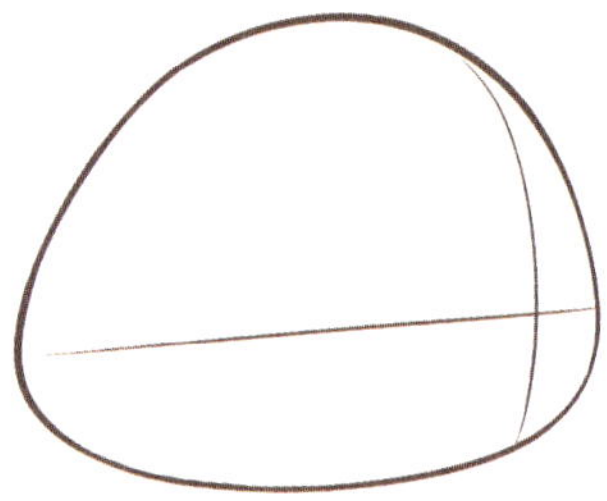

Zeichne eine abgerundete Trapezform für Kopf und Körper. Die Hilfslinien geben die Blickrichtung des Wildschweins vor.

2.

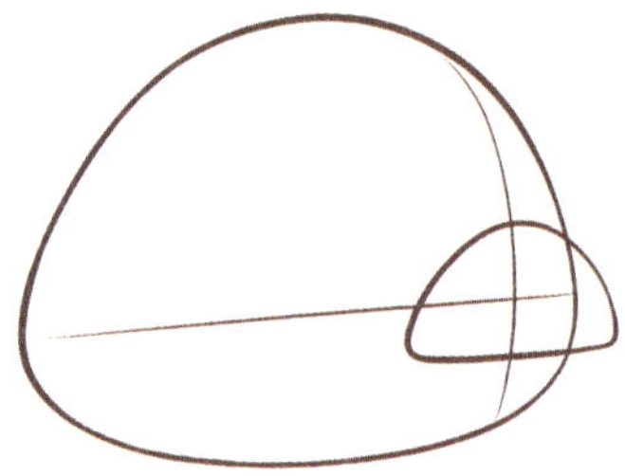

Ergänze einen Halbkreis für den Rüssel, orientiere dich bei der Positionierung an den Hilfslinien.

3.

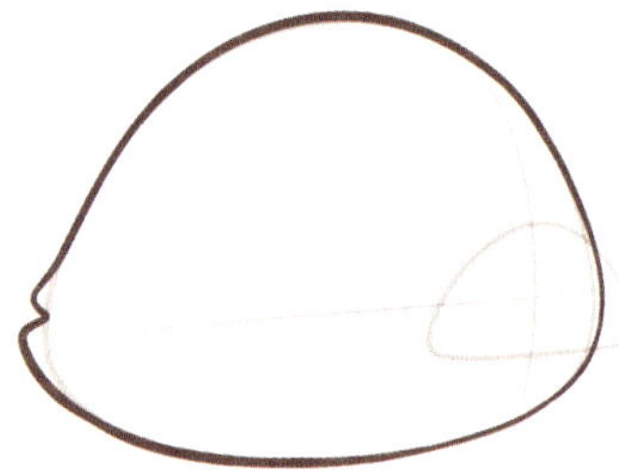

Arbeite anhand der vorhandenen Linien die Konturen von Kopf und Körper aus. Füge am Hinterteil ein Fellbüschel hinzu.

4.

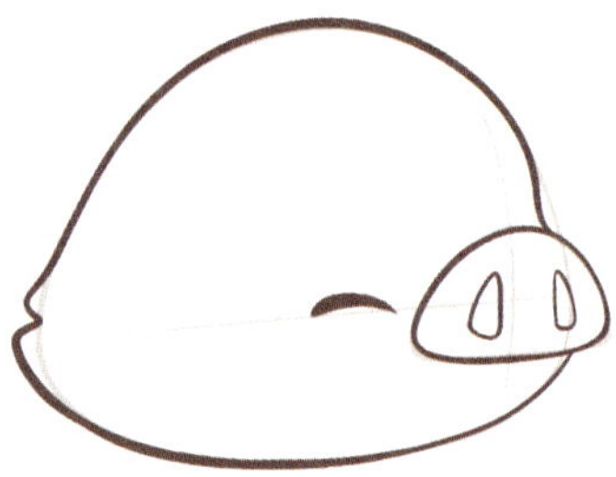

Überarbeite die Form des Rüssels und ergänze Nasenlöcher in Form von schmalen Dreiecken. Mit einem Bogen setzt du das Auge auf die Hilfslinie.

5.

Ergänze zwei Hauer; der vordere wird als Dreieck gezeichnet, der hintere als liegende V-Form.

6.

Zeichne die Ohren als liegende U-Form. Im vorderen Ohr deutet ein Bogen die Ohrfalte an.

7.

Füge die Beine mit drei kräftigen U-Formen hinzu.

8.

Vervollständige dein Wildschwein mit den Konturen der Fellzeichnung.

CHINCHILLA

1.

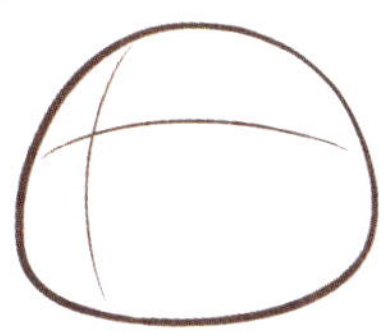

Zeichne eine abgerundete Trapezform für den Kopf, mit Hilfslinien, die vorgeben, wohin das Chinchilla gucken wird.

2.

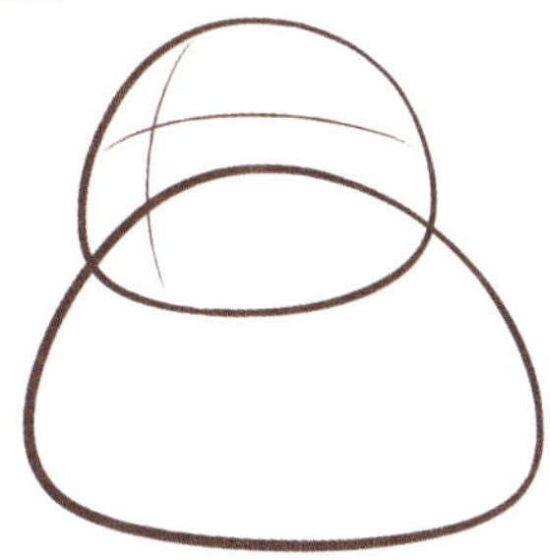

Der Körper besteht aus einem größeren abgerundeten Trapez, das sich mit dem Kopf überlappt.

3.

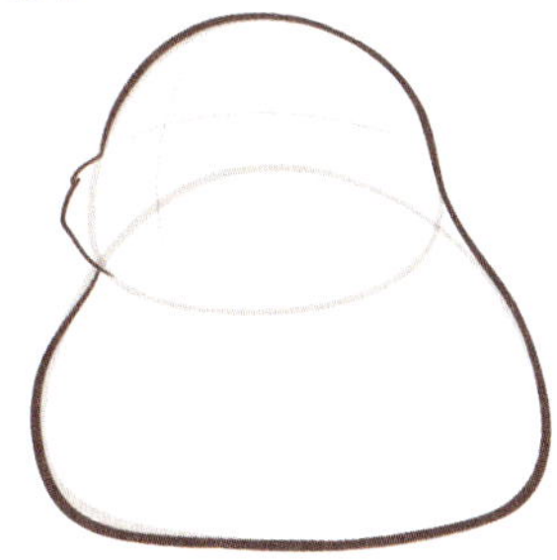

Kopf und Körper werden anhand der vorhandenen Linien ausgearbeitet, auf der linken Seite kommt ein Fellbüschel dazu.

4.

Mit einem Bogen wird im Gesicht die Schnauze angedeutet.

5.

Ergänze Augen, Nase und Mund. Die Augen sind flächig ausgemalte Bogen, die Nase ist ein abgerundetes Dreieck, der Mund besteht aus zwei kurzen Bogen.

6.

Mit zwei großen auf dem Kopf stehenden U-Formen werden die Ohren ergänzt, kleine Bogen darin deuten die Ohrfalten an.

7.

Zeichne zwei Ärmchen als liegende U-Formen, mit kleinen Schwüngen für etwas Felltextur.

8.

Jetzt bekommt dein Chinchilla noch einen buschigen Schwanz, der sich seitlich an den Körper schmiegt.

KATZE

1.

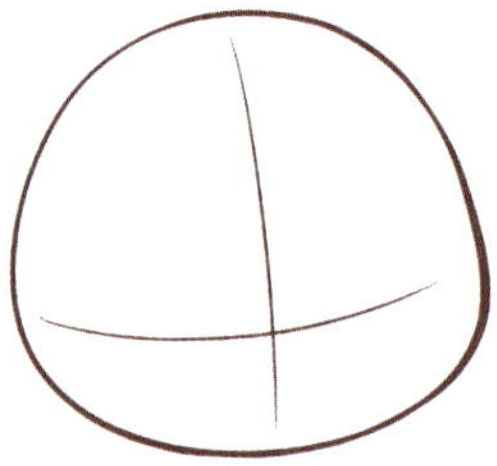

Der Kopf besteht aus einer abgerundeten Trapezform, mit Hilfslinien für die Blickrichtung der Katze.

2.

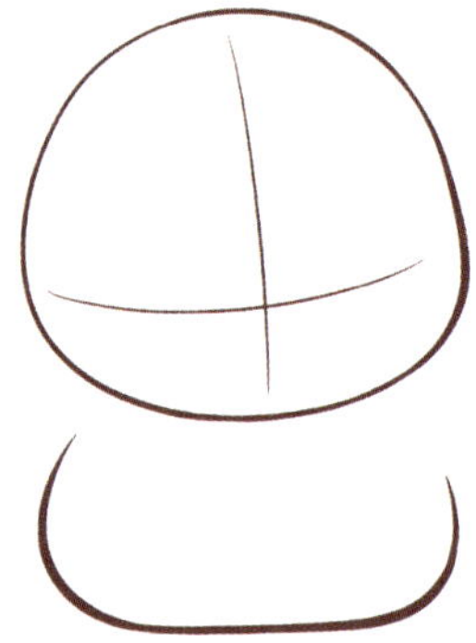

Für den Körper ergänzt du unter dem Kopf eine breite U-Form mit flacher Basis.

3.

In die Lücke zwischen Kopf und Körper fügst du als Tatze auf der rechten Seite eine kleine Eiform ein.

4.

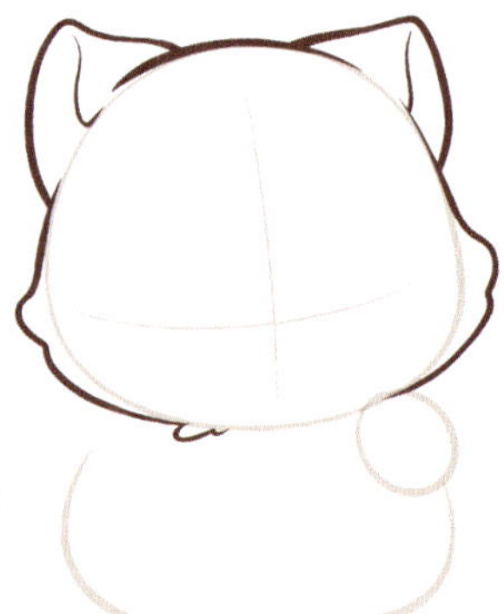

Mithilfe der Skizze kannst du die Kontur des Kopfs ausarbeiten. Dabei ergänzt du etwas Fell an den Seiten und zwei Ohren als kopfstehende V-Formen, mit Bogen für die Ohrfalten.

5.

Überarbeite die Konturen des Köpers, orientiere dich an der Vorzeichnung.

6.

Positioniere Augen, Mund und Schnurrhaare anhand der Hilfslinien. Augen und Schnurrhaare werden als langgezogene Tropfenformen gezeichnet; der Mund ist ein Dreieck mit einem Bogen für die Zunge und einem winzigen V für einen Fangzahn.

FUNFACT: Katzen schnurren pro Minute in einer Frequenz von rund 1.500 Vibrationen. Das Schnurren wirkt beruhigend und kann eine heilende Wirkung haben.

7.

Überarbeite die Pfote und deute mit ein paar kleinen Bogen die Ballen an. Zeichne das linke Bein mit einer breiten U-Form.

8.

Als Letztes zeichnest du den Schwanz der Katze wie die Kontur eines C, das nach oben breiter wird.

TIPP: Ändere die Fellzeichnung und Farbe, um deine Lieblingskatze zu zeichnen.

KUH

1.

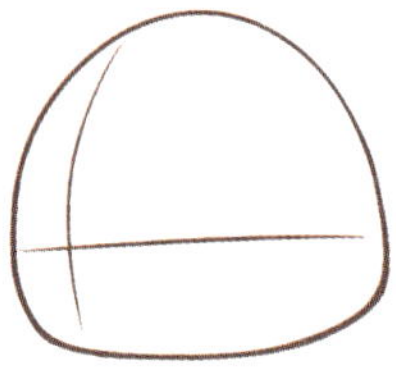

Zeichne eine abgerundete Trapezform für den Kopf. Die Hilfslinien geben vor, in welche Richtung die Kuh schaut.

2.

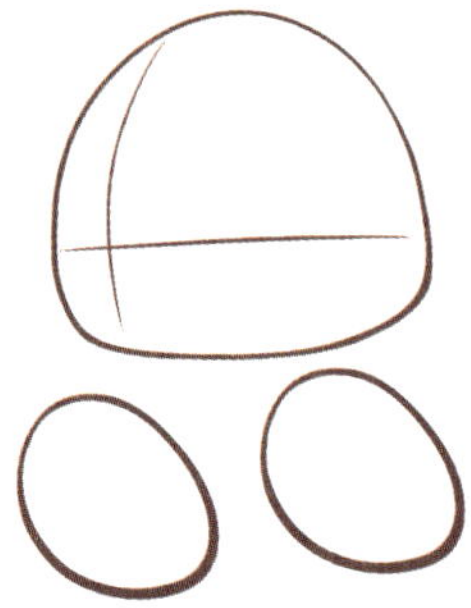

Mit zwei kleinen Ovalen unterhalb des Kopfs werden die Hinterbeine skizziert.

3.

Arbeite die Umrisslinien von Kopf und Hinterbeinen in Anlehnung an die Skizze heraus. Verbinde sie mit Bogen für den Körper und gestalte Vorder- und Hinterbeine.

4.

Zeichne die Schnauze als Oval, orientiere dich dabei an den Hilfslinien.

5.

Ergänze das Auge als längliche Tropfenform und zwei kleine Kreise als Nüstern auf der Schnauze.

6.

Die hängenden Ohren arbeitest du als liegende U-Formen mit einem Bogen für die Ohrfalten. Zieh Linien unten an den Beinen für die Hufe.

7.

Zeichne die Hörner: das rechte besteht aus einem abgerundeten Dreieck, das linke ist eine kopfstehende V-Form.

8.

Zum Schluss bekommt deine Kuh noch einen dünnen Schwanz mit Puschel.

HIRSCH

1.

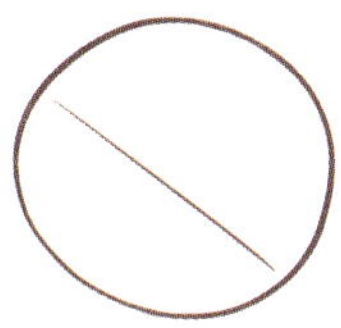

Für den Kopf zeichnest du einen Kreis. Die Hilfslinie zeigt, in welche Richtung der kleine Hirsch guckt.

2.

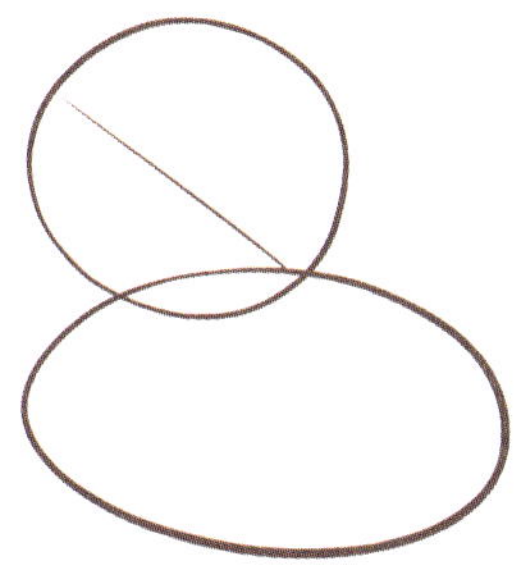

Den Körper bildet ein langes Oval, das sich ein wenig mit dem Kopf überlappt.

3.

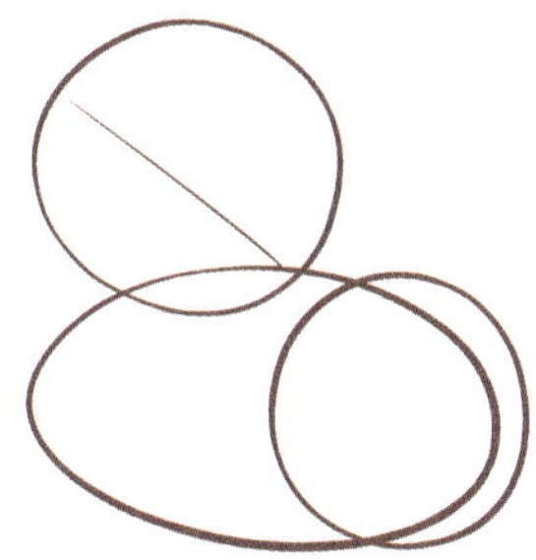

Zeichne für das Hinterbein ein kleineres Oval, das sich fast vollständig mit der rechten Seite des Körpers überschneidet.

4.

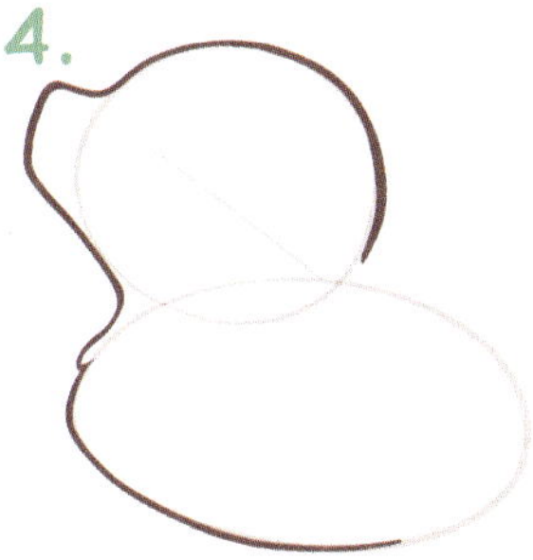

Gestalte mithilfe der Vorzeichnung die Konturen von Kopf und Brustbereich. Ergänze die Schnauze.

5.

Überarbeite die Form von Körper und Hinterbein. Füge mit U-Formen die vier Beine hinzu. Zeichne das bogenförmige Auge und die dreieckige Nase.

6.

Füge die Ohren als liegende V-Formen hinzu; ein kleiner Bogen markiert die Ohrfalte.

7.

Ergänze ein wenig Felltextur am Kopf und ein Fellbüschel als Schwanz.

8.

Zum krönenden Abschluss erhält der Hirsch ein eindrucksvolles Geweih.

HUND

1.

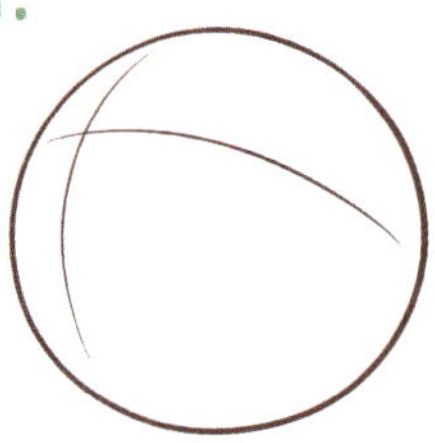

Der Kopf wird mit einem Kreis skizziert. Die Hilfslinien zeigen, wohin der Hund schauen wird.

2.

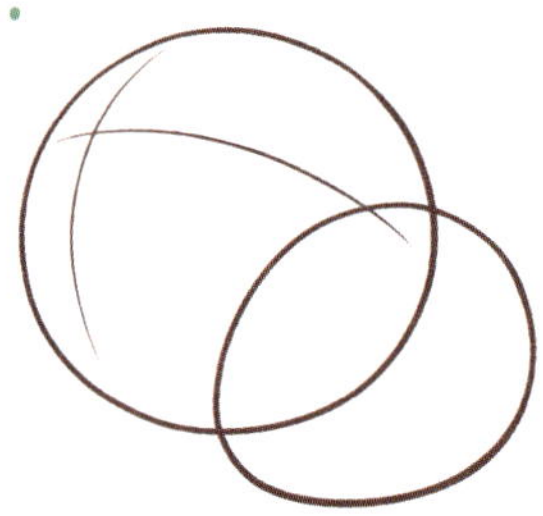

Der Körper besteht aus einem kleinen Oval, das sich mit dem Kopf überlappt.

3.

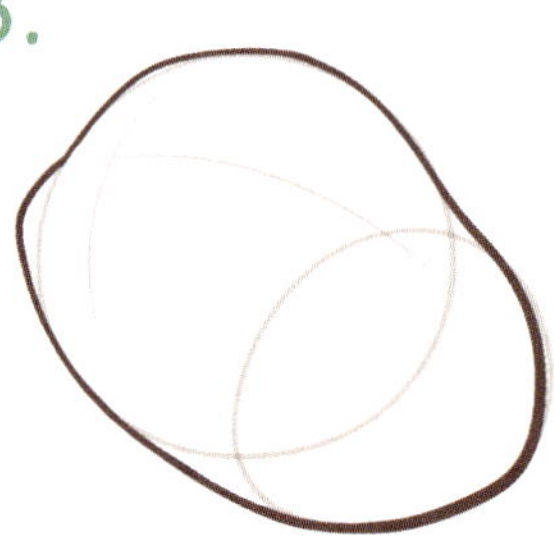

Überarbeite die Form von Kopf und Körper auf Grundlage der Skizze.

4.

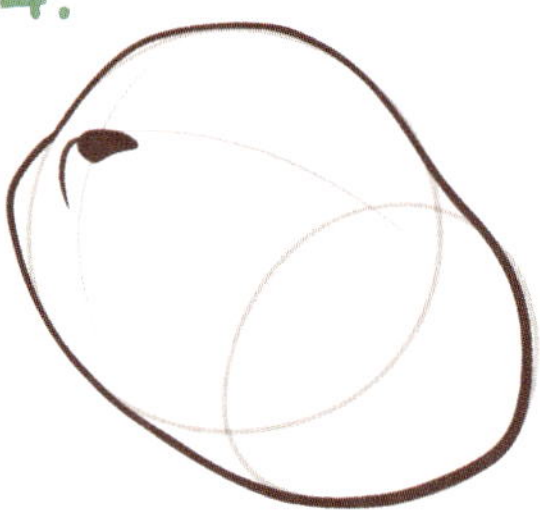

Positioniere die Nase und zeichne die Schnauze anhand der Hilfslinien. Die Nase besteht aus einem abgerundeten Dreieck, die Schnauze aus einem Bogen.

5.

Ergänze Augen und Mund. Die Augen sind längliche Tropfenformen, der Mund ist eine Wellenlinie. Ein kleiner Strich deutet das Kinn an.

6.

Füge die Ohren als kopfstehende V-Formen hinzu, ein Bogen im Inneren markiert die Ohrfalte.

7.

Zeichne die beiden Vorderbeine als U-Formen.

8.

Das Hündchen bekommt jetzt noch einen großen buschigen Schwanz.

ELEFANT

1.

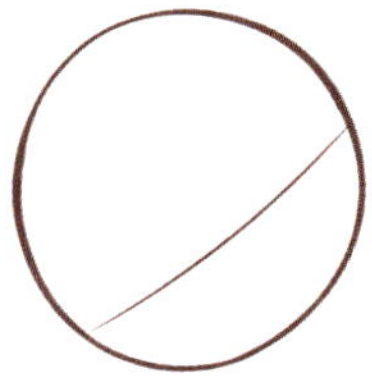

Skizziere den Kopf mit einem Kreis.
Die Hilfslinie gibt die Blickrichtung des Elefanten an.

2.

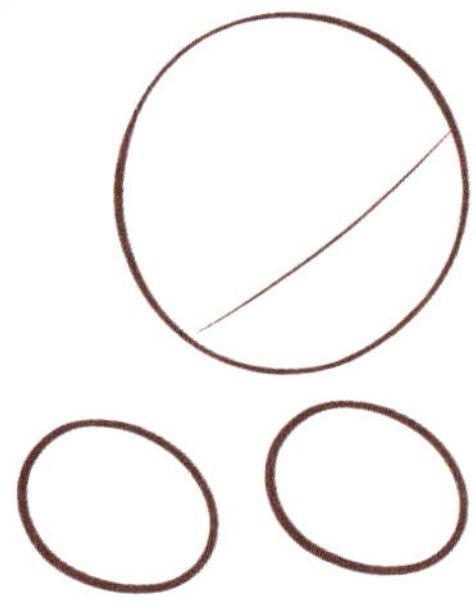

Füge darunter zwei kleine Ovale für die Beine hinzu.

3.

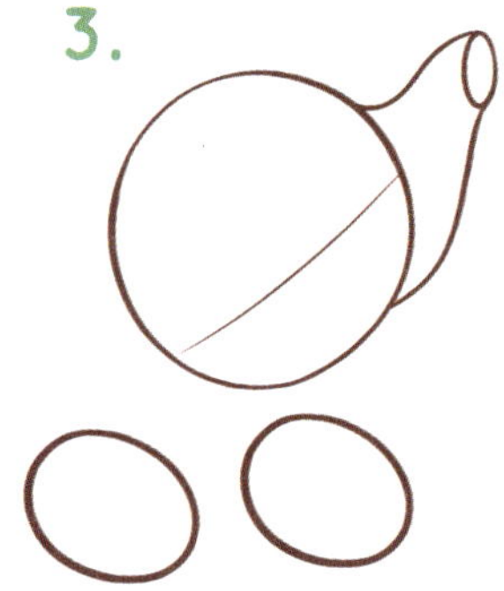

Ergänze für den Rüssel ein kleineres Oval rechts über dem Kopf. Verbinde es mit geschwungenen Linien mit dem Kopf.

4.

Orientiere dich an den skizzierten Linien und vervollständige die Konturen von Kopf, Rüssel und Körper. Das große hängende Ohr zeichnest du mit einer U-Form.

5.

Arbeite mit geschwungenen Linien Details an Rüssel, Ohr und Beinen heraus.

6.

Platziere das Auge und den Mund anhand der Hilfslinien. Das Auge ist eine längliche Tropfenform, der Mund besteht aus einem kleinen Bogen.

7.

Füge mit kleinen kopfstehenden U-Formen jeweils zwei Zehennägel an den Vorderbeinen hinzu. Mit der Spirale auf dem linken Hinterbein wird ein Knie angedeutet.

8.

Zu guter Letzt bekommt der Elefant noch einen kleinen Puschelschwanz.

FRETTCHEN

1.

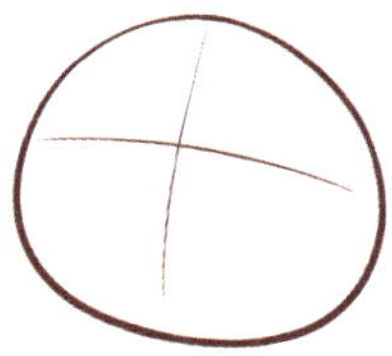

Der Kopf besteht aus einer abgerundeten Trapezform, mit Hilfslinien für die Blickrichtung des Frettchens.

2.

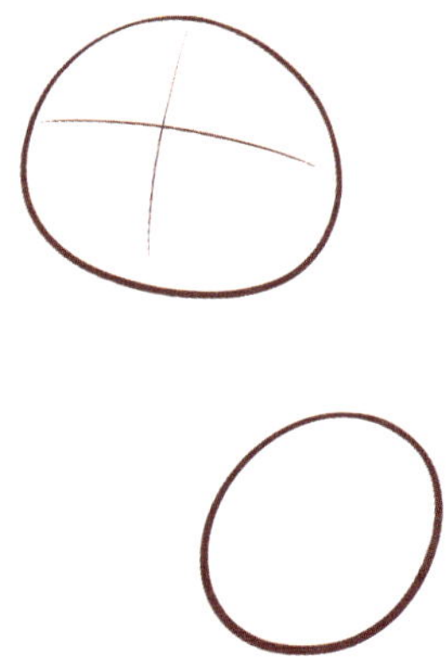

Zeichne ein kleines Oval unterhalb des Kopfs ein – daraus wird das Hinterbein.

3.

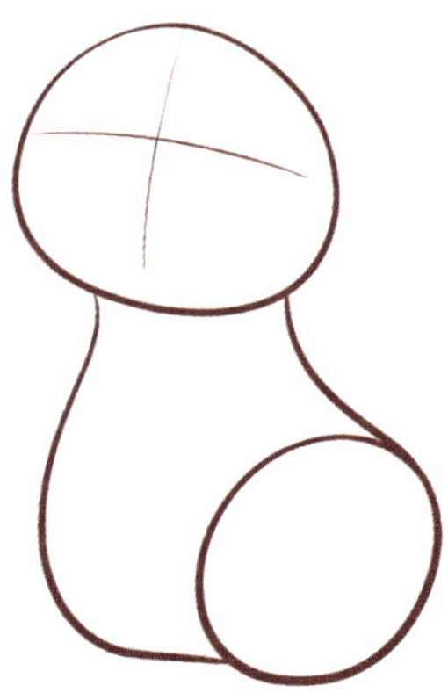

Verbinde die Teile der Skizze mit schwungvollen Linien.

4.

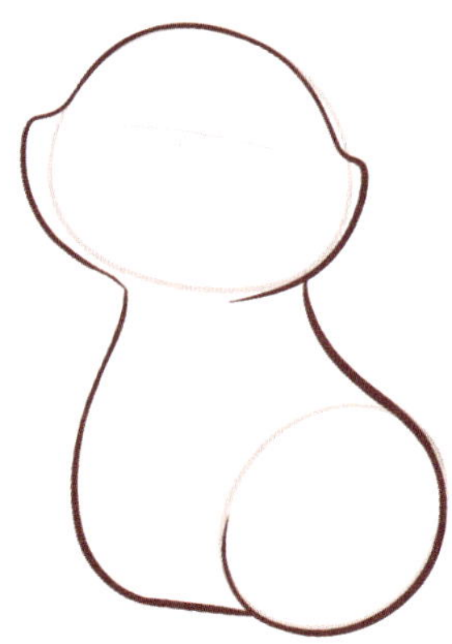

Überarbeite die Form von Kopf und Körper anhand der Vorzeichnung und ergänze Fell an den Seiten des Kopfs.

5.

Augen, Nase und Mund werden den Hilfslinien entsprechend platziert. Zeichne die Augen als längliche Tropfenformen, die Nase als abgerundetes Dreieck und den Mund als Wellenlinie.

6.

Ergänze die Ohren als auf dem Kopf stehende V-Formen, mit je einem Bogen für die Ohrfalte.

FUNFACT: Frettchen wurden schon vor über zweitausend Jahren domestiziert und sind seit den 1980er–1990er Jahren beliebte Haustiere mit wachsender Popularität.

7.

Füge links das zweite Bein hinzu und zeichne die Hinterpfoten.

8.

Ergänze etwas Fell an der Brust.

9.

Jetzt zeichnest du die Arme: den vorderen als V, den hinteren mit einem Bogen.

10.

Die Fellzeichnung von Gesicht und Körper wird mit geschwungenen Linien dargestellt.

11.

Dein Frettchen erhält jetzt noch einen buschigen Schwanz, den es stolz aufgerichtet trägt.

FUCHS

1.

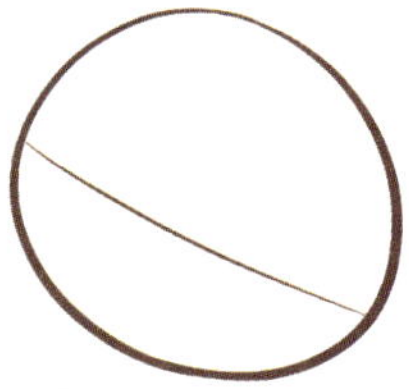

Mit einem Oval wird der Kopf skizziert. Die Hilfslinie zeigt die Richtung, in die das Füchschen gucken wird.

2.

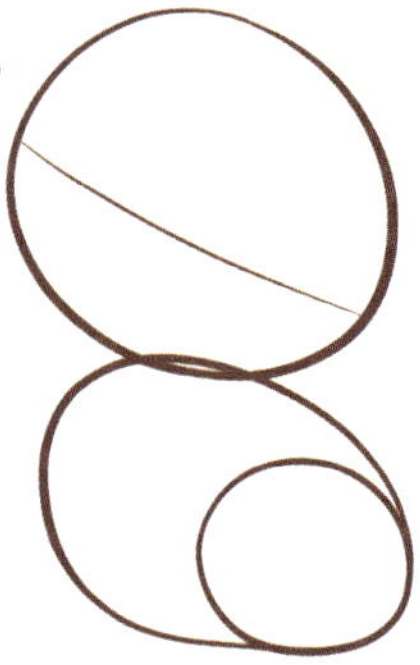

Ergänze unter dem Kopf ein etwas kleineres Oval als Körper und darin ein noch kleineres für das Hinterbein.

3.

Zieh die Kontur des Kopfs entlang der Skizze nach. Füge die Schnauze hinzu.

4.

Überarbeite die Form von Körper und Hinterbein und ergänze die Vorderbeine.

5.

Zeichne die Ohren als kopfstehende V-Formen, ein Bogen deutet die Ohrfalte an. Der Hinterkopf bekommt etwas Fell.

6.

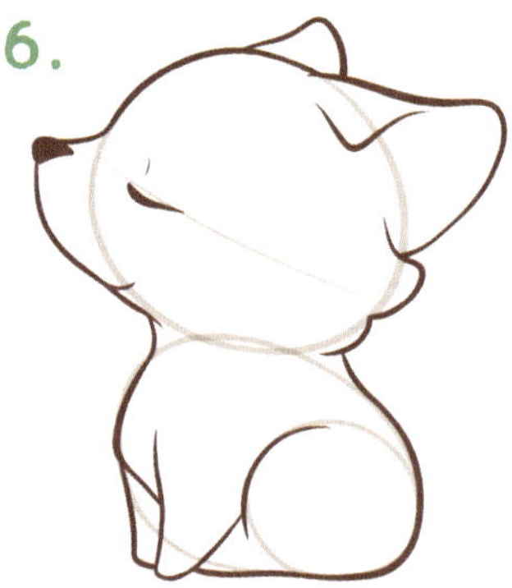

Gestalte das Auge als längliche Tropfenform mit einem kleinen Bogen, die Nase als Dreieck und den Mund als Bogen.

7.

Ergänze noch mehr Fell im Gesicht, im Brustbereich und in den Ohren.

8.

Als Letztes bekommt dein Füchschen seinen buschigen Schwanz.

PANDA

1.

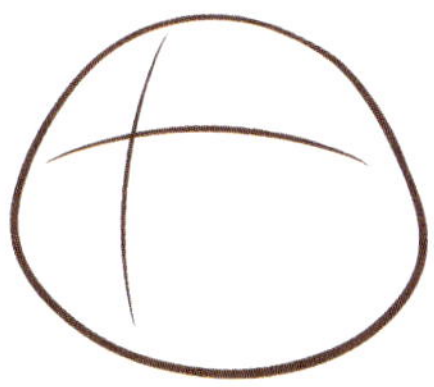

Zeichne eine abgerundete Trapezform für den Kopf. Die Hilfslinien geben die Blickrichtung des Pandabären an.

2.

Mit zwei kleinen Kreisen unterhalb des Kopfs werden die Hinterbeine skizziert.

3.

Überarbeite Kopf und Beine und verbinde die Formen mit sanften Bogen für den Körper. Links am Kopf kommt etwas wuscheliges Fell hinzu.

4.

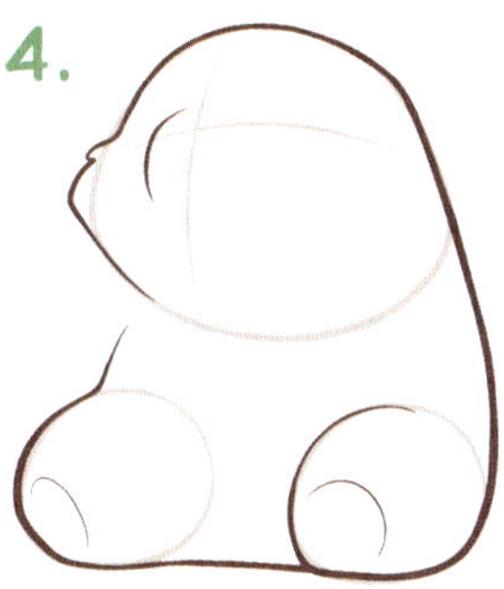

Mit einem kleinen Bogen wird die Schnauze angedeutet, weitere Bogen bei den Beinen markieren die Tatzen.

5.

Platziere Augen, Nase und Mund. Die Augen haben eine längliche Tropfenform. Die Nase ist ein abgerundetes Dreieck. Der Mund ist eine Wellenlinie.,

6.

Die Ohren werden als kopfstehende U-Formen, der Schwanz als kleiner Halbkreis gezeichnet.

7.

Ergänze die Vorderbeine mit U-Formen.

8.

Zum Schluss skizzierst du die Konturen der markanten Fellzeichnung deines Pandabären.

GIRAFFE

1.

Zeichne ein Oval für den Kopf, mit Hilfslinien, die festlegen, in welche Richtung deine Giraffe schauen wird.

2.

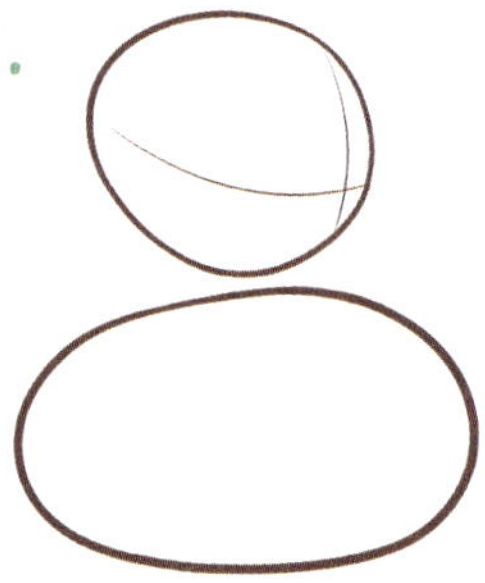

Ein größeres Oval unter dem Kopf markiert den Körper.

3.

Überarbeite die Kontur des Kopfs und eines Teils des Körpers. Verbinde die Formen mit geschwungenen Linien für den Hals, ergänze ein hängendes Ohr auf der linken und eine Schnauze auf der rechten Seite.

4.

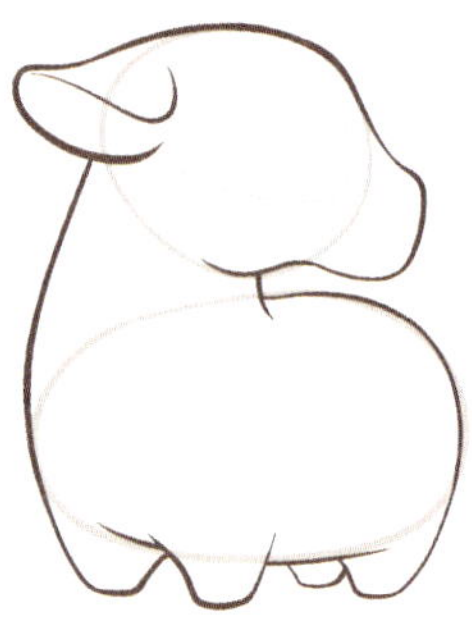

Arbeite den unteren Teil des Körpers aus. Füge mit U-Formen vier kurze Beinchen hinzu und deute mit einem Bogen die Ohrfalte an.

5.

Ergänze das Auge als längliche Tropfenform und arbeite die Schnauze mit einem Bogen und zwei kleinen Nasenlöchern weiter aus.

6.

Die Mähne reicht vom Oberkopf bis auf halbe Höhe des Körpers. Mit ein paar kleinen Linien erhält sie Textur.

7.

Die Linien an den Beinen markieren die Hufe.

8.

Vervollständige deine Zeichnung mit einem dünnen Schwänzchen mit einem Puschel und zwei giraffentypischen Hörnern auf dem Oberkopf.

ZIEGE

1.

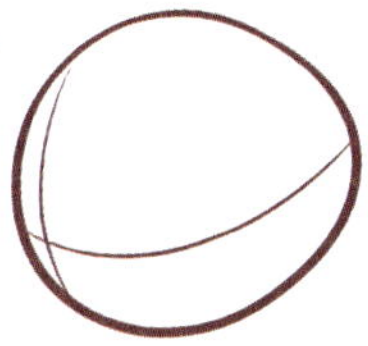

Der Kopf wird mit einem Oval skizziert. Die Hilfslinien geben die Blickrichtung der kleinen Ziege vor.

2.

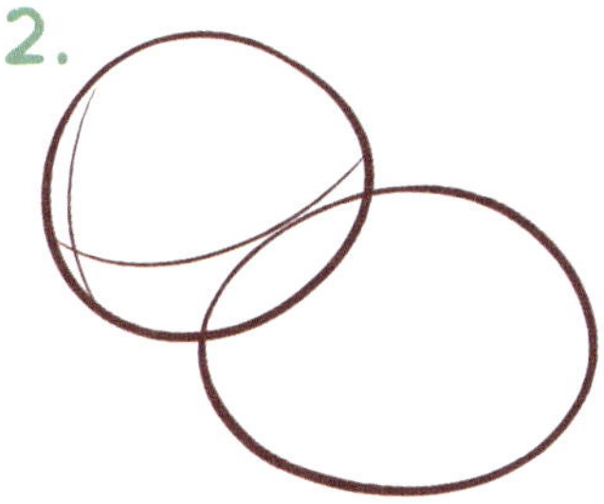

Zeichne den Körper als größeres Oval, das sich ein wenig mit dem Kopf überschneidet.

3.

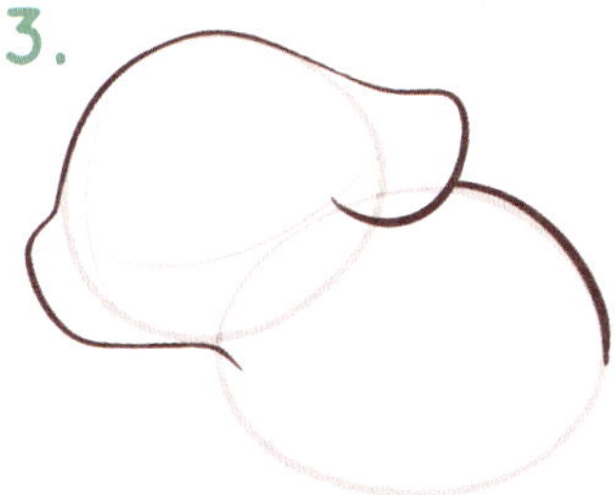

Überarbeite Kopf und Rücken anhand der Skizze. Ergänze ein hängendes Ohr auf der rechten und die Schnauze auf der linken Seite des Kopfs.

4.

Positioniere Auge und Nase den Hilfslinien entsprechend. Das Auge ist ein ausgefüllter Bogen, die Nase ein Y. Mit einem kleinen Bogen deutest du die Ohrfalte an. Die Brust bekommt etwas Fell.

5.

Zieh die übrigen Konturen des Körpers nach, orientiere dich dabei an der Skizze. Zeichne mit U-Formen drei Beine und vervollständige das Hinterteil mit einem Bogen.

6.

Mit feinen Linien an den Beinen werden die gespaltenen Hufe gestaltet.

7.

Zeichne der kleinen Ziege ein kurzes, flauschiges Schwänzchen.

8.

Zum Schluss bekommt deine Ziege noch kleine Hörner, denen du mit ein paar Linien Textur verleihst.

HAMSTER

1.

Zeichne eine abgerundete Trapezform für den Kopf. Die Hilfslinien geben an, in welche Richtung der Hamster guckt.

2.

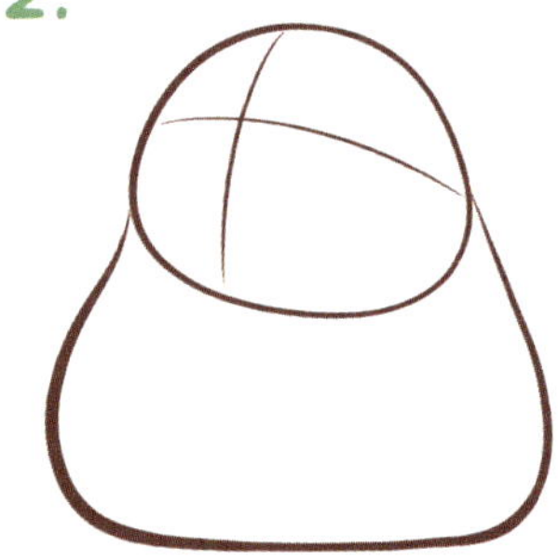

Für den Körper zeichnest du eine große U-Form mit flacher Basis direkt unter den Kopf.

3.

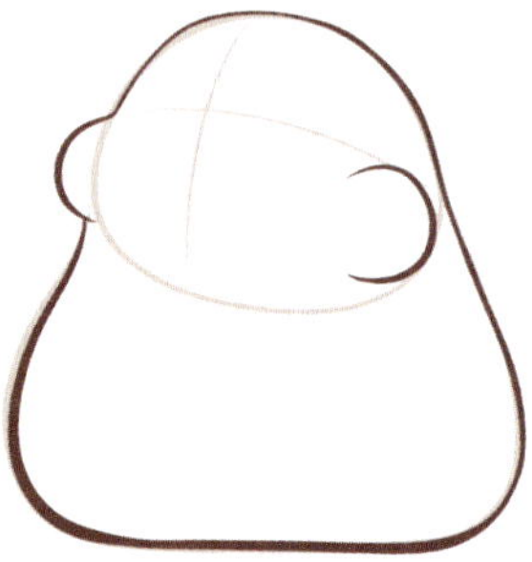

Orientiere dich an der Skizze und zieh die Konturen von Kopf und Körper nach. Ergänze die Hamsterbäckchen, die über die Seiten des Kopfs hinausragen.

4.

Zeichne die Ohren als kopfstehende U-Formen mit einem Bogen im Inneren für die Ohrfalte.

5.

Positioniere Augen und Mund entlang der Hilfslinien. Die Augen sind längliche Tropfenformen, der Mund ist eine Wellenlinie.

6.

Die Vorderpfoten werden mit kleinen Haken angedeutet.

7.

Die zwei Schnurrhaare an jeder Backe werden als langgezogene Tropfenform gezeichnet.

8.

Zum Schluss bekommt dein Hamster einen leckeren Sonnenblumenkern zum Knabbern.

IGEL

1.

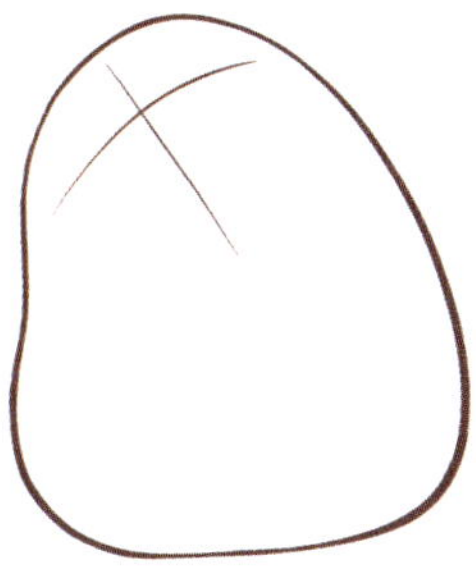

Die Ausgangsbasis für Kopf und Körper ist hier eine große Bohnenform, die sich nach links neigt. Hilfslinien zeigen, in welche Richtung das Igelchen schaut.

2.

Platziere Schnauze und Nase den Hilfslinien entsprechend. Die Schnauze besteht aus einem Bogen, die Nase aus einem abgerundeten Dreieck.

3.

Füge Augen und Mund hinzu. Die Augen haben die Form von langgezogenen Tropfen, der Mund ist ein Dreieck mit einer geschwungenen Linie, die die Zunge andeutet.

4.

Die Vorderpfoten werden als U-Formen gezeichnet.

5.

Ergänze längliche Ovale für die Hinterpfoten. Mit kleinen Bogen verleihst du ihnen Textur.

6.

Mit dem Zeichnen der Stacheln beginnst du in der Mitte der Stirn.

7.

Füge weitere Stacheln auf der rechten und der linken Seite des Kopfs hinzu.

8.

Dein Igelchen ist fertig, wenn sein ganzer Rücken mit Stacheln bedeckt ist.

PFERD

1.

Zeichne einen Kreis für den Kopf, mit Hilfslinien, die die Blickrichtung des Pferds vorgeben.

2.

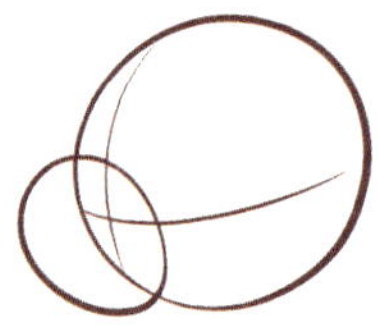

Für die Schnauze fügst du eine kleine Eiform hinzu, die sich mit dem Kopf zum Teil überlappt.

3.

Um den Hals und die Seite des Pferdekörpers anzulegen, zeichne einen großen Bogen, der am Hinterkopf beginnt.

4.

Für den übrigen Körper ergänzt du ein großes Oval unter dem Kopf, das sich mit diesem teilweise überschneidet.

5.

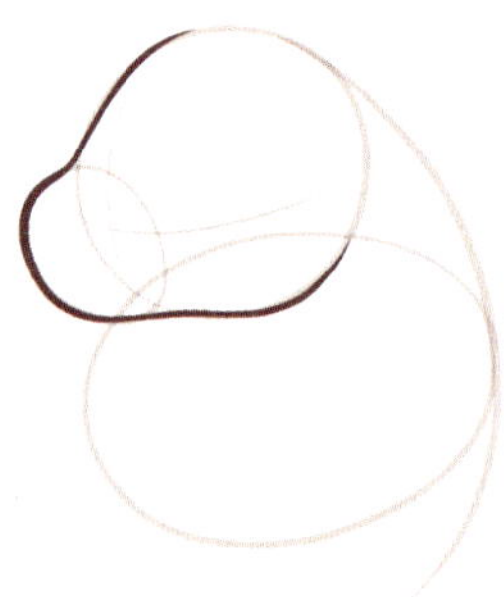

Arbeite die Kontur der Vorderseite des Kopfs und der Schnauze heraus, wobei du dich an der Skizze orientierst.

6.

Platziere das Auge, einen ausgefüllten Bogen, den Hilfslinien entsprechend und ergänze kleine Ovale als Nüstern.

7.

Zwei kräftige U-Formen bilden die Vorderbeine.

8.

Überarbeite die Form des Hinterkopfs, den Hals und die rechte Körperseite auf Grundlage der Skizze.

9.

Arbeite den übrigen Körper weiter aus und füge das Hinterbein hinzu.

FUNFACT: Pferderassen werden je nach Temperament in drei Typen unterteilt: Vollblüter (Rennpferde), Kaltblüter (Arbeitspferde) und Warmblüter (Turnierpferde).

10.

Zeichne das Ohr als kopfstehendes V mit zwei kleinen Linien im Inneren, die die Ohrfalten andeuten.

11.

Mit dem Zeichnen der Mähne beginnst du vorn am Oberkopf. Lass sie in einer dicken Strähne zur Seite fallen.

12.

Arbeite die Mähne hinter dem Ohr und der dicken Stirnsträhne weiter aus.

13.

Der übrige Teil der Mähne wird als großer Bogen entlang des Halses gezeichnet.

14.

Ein paar kleine Bogen geben der Mähne Textur. Die Bogen an den Beinen deuten die Hufe an.

15.

Das Pferdchen bekommt einen prächtigen dicken Schweif.

16.

Mit ein paar geschwungenen Linien verleihst du dem Schweif Textur.

KÄNGURU

1.

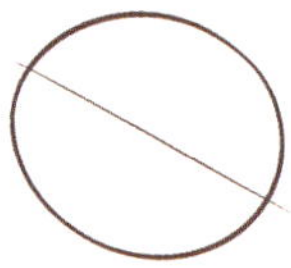

Zeichne ein Oval für den Kopf, mit einer Hilfslinie, die angibt, in welche Richtung das Känguru schauen wird.

2.

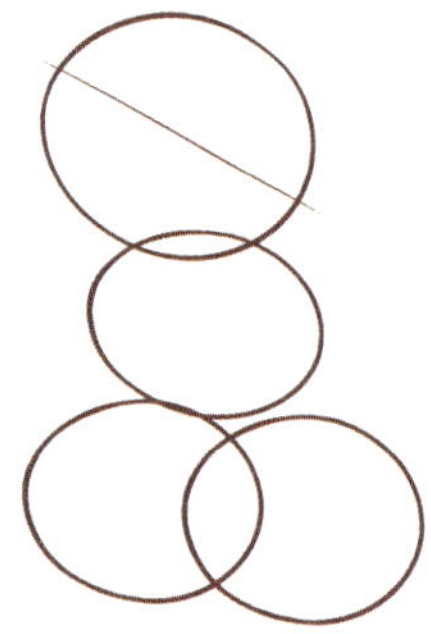

Jetzt kommen drei etwas kleinere Ovale unterhalb des Kopfs hinzu, das sind der Körper und die Beine.

3.

Ergänze zwei weitere Ovale, wobei das rechte größer ist als das linke. Sie überlappen sich teilweise mit dem Kopf und bilden das Ohr und die Schnauze.

4.

Mit zwei Halbovalen unter den Beinen skizzierst du die Füße.

5.

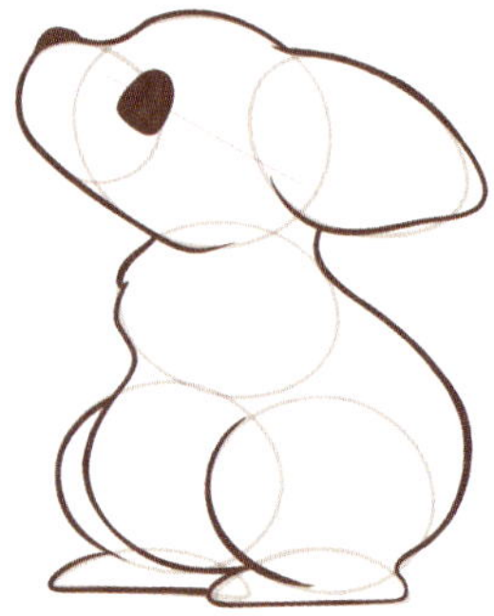

Überarbeite die Konturen und füge ein bisschen Fell im Brustbereich hinzu. Zeichne ein bogenförmiges Auge und ein abgerundetes Dreieck als Nase.

6.

Ergänze den rechten Arm mit einer U-Form, den linken mit einem Bogen. Zeichne dann mit geschwungenen Linien den kräftigen spitz zulaufenden Schwanz.

7.

Nun ziehst du eine gerade Linie vorn über den Bauch für den Beutel.

8.

Zum Schluss zeichnest du ein Junges, das aus dem Beutel schaut. Wiederhole die Schritte für einen kleineren Kopf und ergänze zwei kleine Ovale für die Arme.

KOALA

1.

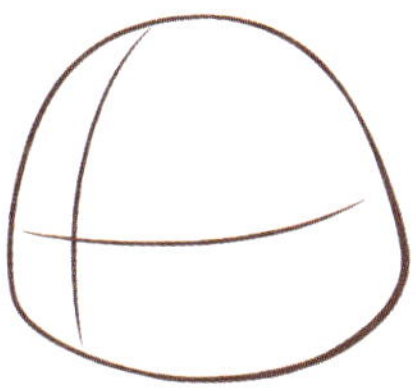

Zeichne ein abgerundetes Trapez für den Kopf mit Hilfslinien, die die Blickrichtung des Koalas zeigen.

2.

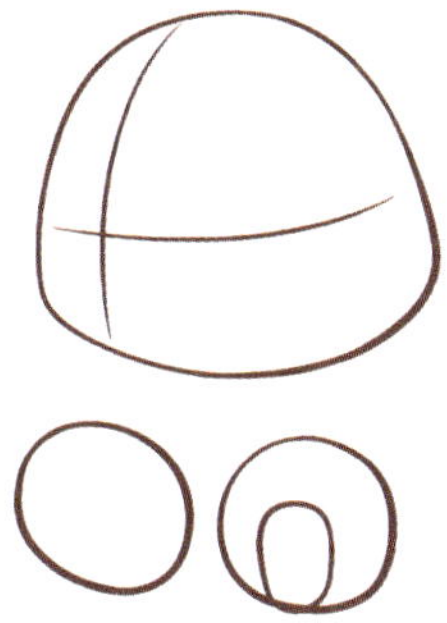

Mit zwei kleinen Kreisen unterhalb des Kopfs werden die Hinterbeine skizziert, ein kleines Oval innerhalb des rechten Kreises deutet den Fuß an.

3.

Überarbeite die Formen von Kopf, Beinen und Fuß. Ergänze links am Kopf etwas Fell. Verbinde dann Kopf und Beine mit einer geschwungenen Linie für den Körper.

4.

Platziere Auge und Nase; orientiere dich dabei an den Hilfslinien. Das Auge wird als längliche Tropfenform, die Nase als bauchiges Oval gezeichnet.

5.

Ergänze die Ohren als Halbkreise mit Fellstruktur. Kleinere Halbkreise in den Ohren veranschaulichen ihre Form.

6.

Füge die Arme mit U-Formen hinzu.

7.

Zeichne mehr Fell an Hals und Brust und ergänze ein kurzes wuscheliges Schwänzchen.

8.

Wenn du magst, kannst du deinen Koala noch einen Eukalyptuszweig halten lassen.

LÖWE

1.

Zeichne einen Kreis als Kopf, mit Hilfslinien, die zeigen, in welche Richtung der Löwe guckt.

2.

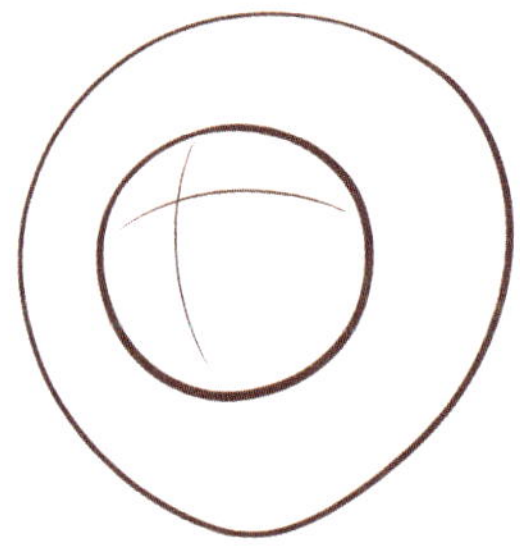

Für die Mähne zeichnest du ein großes Oval um die Kopfform.

3.

Mit zwei kleineren Ovalen unterhalb der Mähne skizzierst du die Position der Hinterläufe.

4.

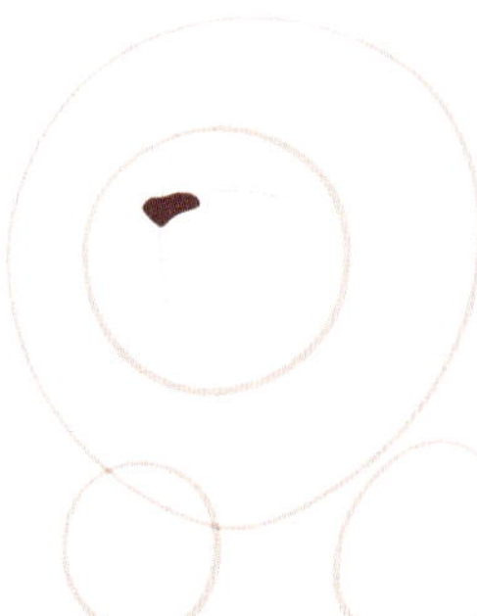

Im Schnittpunkt der Hilfslinien platzierst du eine herzförmige Nase.

5.

Mit zwei kleinen Ovalen unterhalb der Nase skizzierst du die Schnauze.

6.

Ergänze den Mund als V-Form, darin werden mit einem kleinen Bogen die Zunge und mit einem winzigen V ein Reißzahn gezeichnet.

7.

Bei der linken Gesichtshälfte wird mit einer unregelmäßigen Linie Fell angedeutet.

8.

Beginne die Mähne in der Stirnmitte, orientiere dich an den Hilfslinien.

9.

Arbeitete die Mähne nach rechts und links weiter aus. Geschwungene Linien lassen sie üppig wirken.

FUNFACT: Löwen sind die größten Katzen Afrikas und die zweitgrößten Katzen der Welt – nur Tiger sind größer, aber die haben nicht so eine imposante Mähne.

10.

Vervollständige die Mähne im unteren Bereich.

11.

Ergänze die Ohren als liegende U-Bogen mit einer Linie im Inneren für die Ohrfalte.

12.

Zeichne die Vorderbeine als U-Formen zwischen den Hinterbeinen.

13.

Arbeite die Hinterbeine weiter aus, verbinde das rechte durch eine geschwungene Linie mit der Mähne. Ergänze die Tatzen an den Hinterläufen.

14.

Jetzt noch ein dünner Schwanz mit Puschel und fertig ist dein Löwe!

AFFE

1.

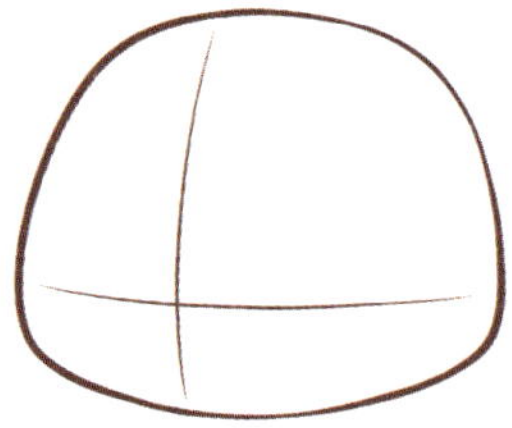

Zeichne eine abgerundete Trapezform für den Kopf. Die Hilfslinien geben die Blickrichtung des Äffchens vor.

2.

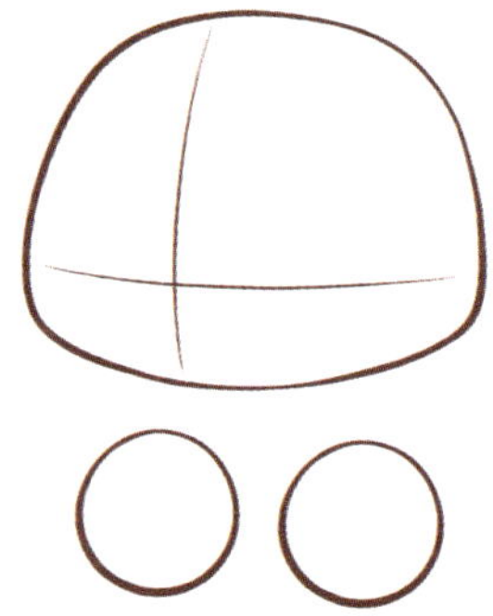

Mit zwei kleinen Kreisen unter dem Kopf werden die Hinterbeine skizziert.

3.

Nutze die Skizze und überarbeite Kopf und Beine. Verbinde sie mit einer geschwungenen Linie für den Körper. Ergänze die Füße.

4.

Positioniere Augen und Mund anhand der Hilfslinien. Die Augen haben eine längliche Tropfenform, der Mund ist eine Wellenlinie mit einer kleinen Schlinge rechts als Zunge.

5.

Mit U-Formen werden die zwei Arme ergänzt.

6.

Zeichne große runde Ohren mit geschwungenen Linien im Inneren, die die Ohrmuschel darstellen. Füge die Konturen der Fellzeichnung hinzu.

FUNFACT: Während in Asien, Afrika und Lateinamerika eine Vielzahl an verschiedenen Affen heimisch ist, gibt es in Europa nur eine einzige freilebende Affenart: die Berberaffen auf Gibraltar.

7.

Ergänze ein Fellbüschel auf dem Oberkopf.

8.

Zeichne den Schwanz als Konturen einer S-Form.

9.

Zum Schluss kannst du das Äffchen eine leckere Banane halten lassen.

MAUS

1.

Zeichne ein Oval für den Kopf und ergänze eine Hilfslinie für die Blickrichtung des Mäuschens.

2.

Für den Körper fügst du ein größeres Oval unterhalb des Kopfs hinzu.

3.

Überarbeite die Form von Kopf und Körper anhand der Skizze. Ergänze ein großes Ohr auf der linken Seite des Kopfs und eine Schnauze auf der rechten.

4.

Positioniere Auge, Nase und Mund. Das Auge ist ein ausgefüllter Bogen, die Nase ein abgerundetes Dreieck, der Mund eine langgezogene Tropfenform mit einer kleinen Linie innen für die Zunge.

5.

Zeichne die Füßchen unter den Körper.

6.

Füge den vorderen Arm als U-Form hinzu, den hinteren als Bogen.

7.

Ergänze ein Fellbüschel auf dem Oberkopf.

8.

Ganz zum Schluss bekommt das Mäuschen noch einen langen leicht gebogenen Schwanz.

SCHWEIN

1.

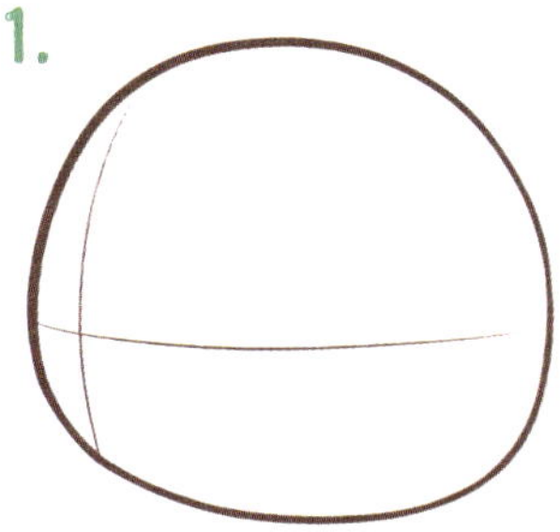

Beginne mit einer abgerundeten Trapezform für Kopf und Körper. Hilfslinien zeigen die Blickrichtung des Schweinchens an.

2.

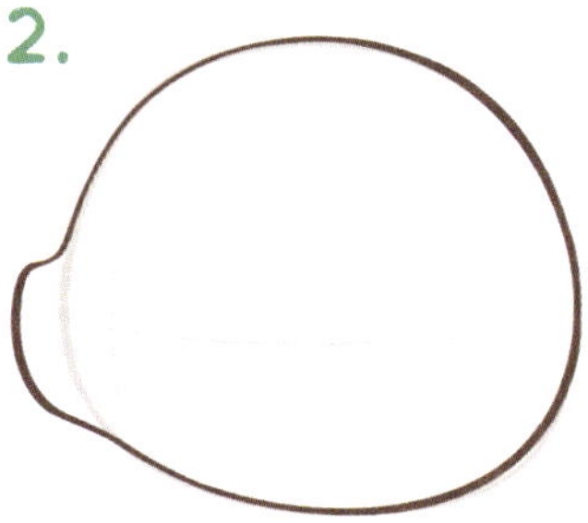

Überarbeite die Kontur anhand der Skizzenlinien und füge auf der linken Seite die Schnauze hinzu.

3.

Positioniere das Auge auf der Hilfslinie und ergänze einen Bogen, um die Schnauze abzugrenzen.

4.

Zeichne zwei kleine Tropfenformen als Nasenlöcher.

5.

Füge die Ohren als kopfstehende V-Formen hinzu, ein kleiner Bogen im Inneren markiert die Ohrfalte.

6.

Die Beine bestehen aus drei kräftigen U-Formen.

7.

Zeichne an den Beinen Linien für die Hufe ein.

8.

Zuletzt bekommt dein Schwein noch sein Ringelschwänzchen.

SCHUPPENTIER

1.

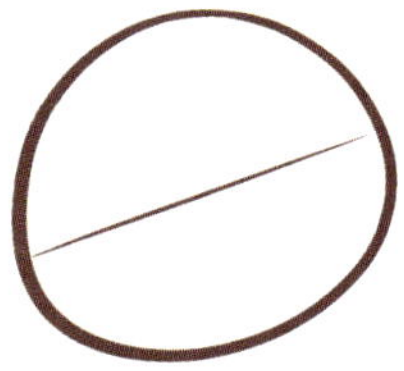

Zeichne ein Oval für den Kopf, mit Hilfslinie, um die Blickrichtung des Schuppentiers vorzugeben.

2.

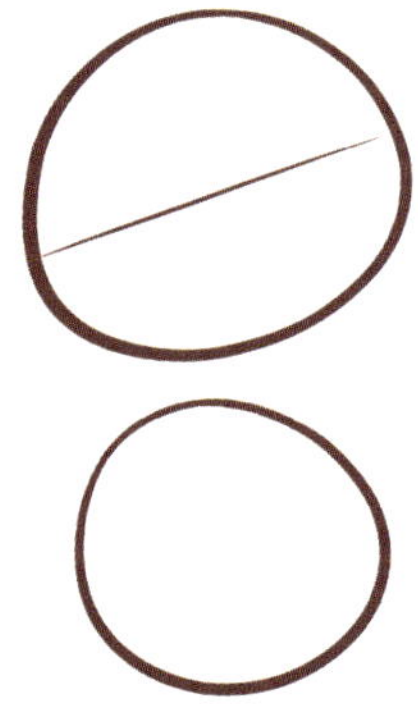

Füge einen kleinen Kreis unterhalb des Kopfs für das Hinterbein hinzu.

3.

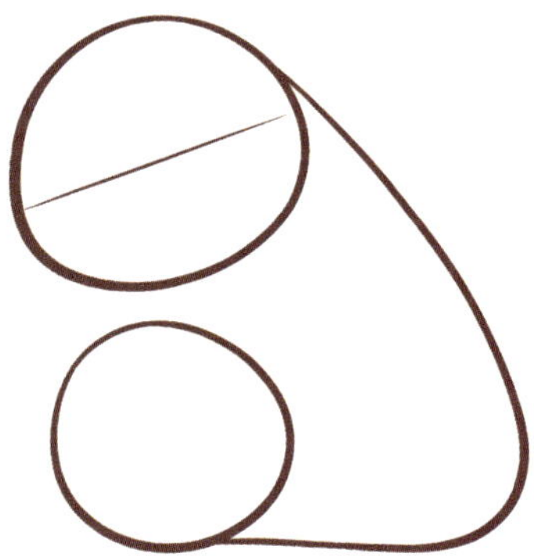

Mit einem großen Bogen werden Kopf und Hinterbein verbunden, sodass der Körper entsteht.

4.

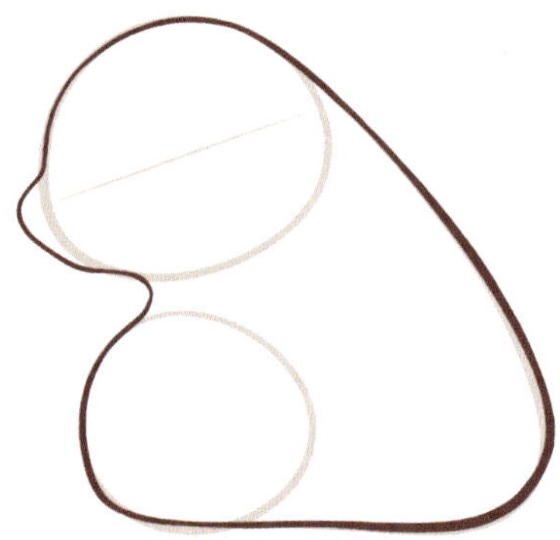

Orientiere dich an der Skizze und gestalte die Form von Kopf, Körper und Hinterbein. Ergänze eine Schnauze auf der linken Kopfseite.

5.

Positioniere das Auge – einen schmalen ausgefüllten Bogen – auf der Hilfslinie und ergänze mit einer kopfstehenden U-Form ein Ohr mit Bogen für die Ohrfalte.

6.

Zeichne das Vorderbein als eine liegende U-Form und ergänze einen Fuß beim Hinterbein.

FUNFACT: Die Schuppen des Schuppentiers bestehen aus Keratin, ein Protein, aus dem sich auch Haare und Nägel des Menschen zusammensetzen. Die namengebenden Schuppen machen bei diesem Tier 20 Prozent seines gesamten Körpergewichts aus.

7.

Mit einer schwungvollen Linie wird ein Schwanz in Fortsetzung des Rückens ergänzt.

8.

Mit Bogen um die Augen markierst du die Konturen des Gesichts.

9.

Zeichne Schuppen an Kopf, Rücken und Vorderbein.

10.

Ergänze noch weitere Schuppen überall am Körper und dein Schuppentier ist fertig.

KANINCHEN

1.

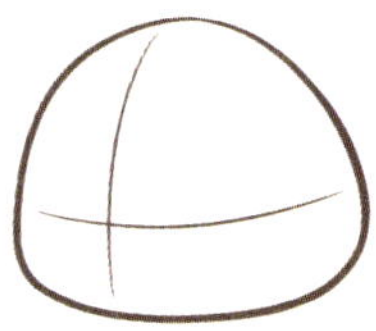

Zeichne eine abgerundete Trapezform für den Kopf. Die Hilfslinien zeigen die Blickrichtung des Kaninchens an.

2.

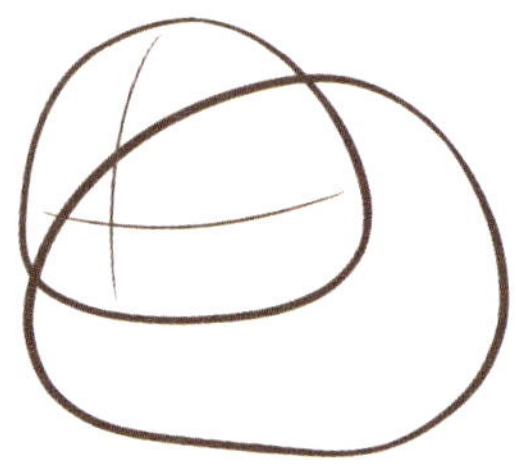

Der Körper ist ein großes Oval, das sich mit der unteren Kopfhälfte überschneidet.

3.

Orientiere dich an der Skizze und zieh die Umrisslinie von Kopf und Körper nach.

4.

Füge Fellbüschel an beiden Seiten des Kopfs und an der Brust hinzu.

5.

Gestalte das Gesicht: die Augen sind längliche Tropfen, die Nase ein Y und der Mund eine Wellenlinie.

6.

Mit zwei großen kopfstehenden V-Formen ergänzt du die Ohren, die Linien im Inneren deuten die Ohrfalten an.

7.

Füge die Vorderbeine als abgeflachte U-Formen hinzu.

8.

Zuletzt zeichnest du das kleine Wuschelschwänzchen deines Kaninchens.

RENTIER

1.

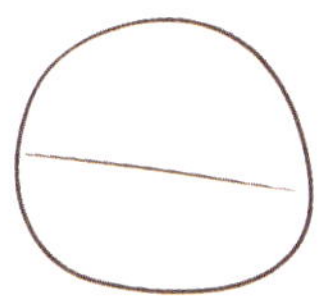

Zeichne einen Kreis für den Kopf, mit einer Hilfslinie, die vorgibt, in welche Richtung das Rentier guckt.

2.

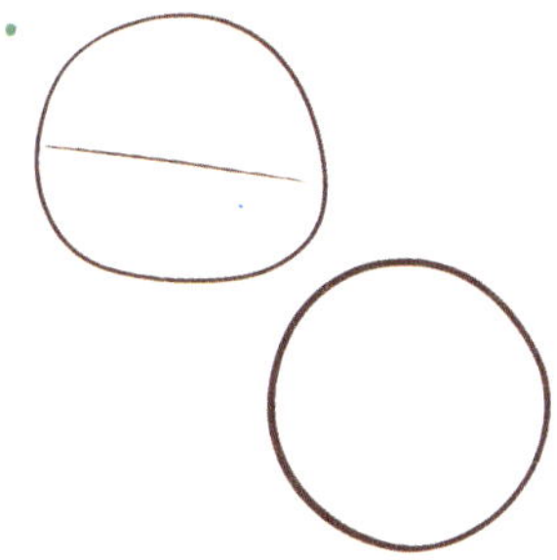

Füge schräg unter dem Kopf einen weiteren Kreis hinzu, später wird daraus das Hinterbein.

3.

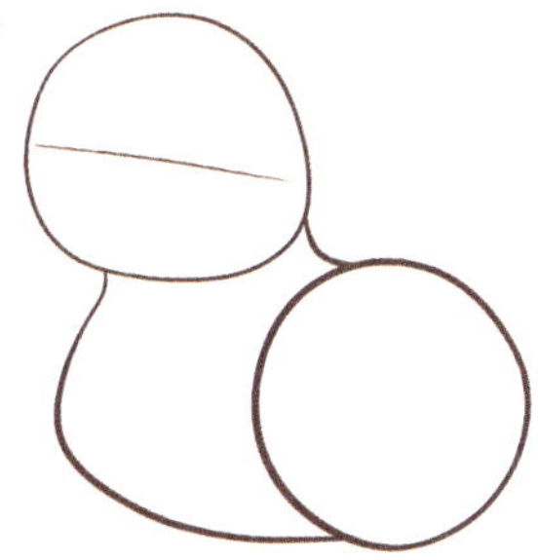

Verbinde die beiden Kreise der Skizze mit geschwungenen Linien, sodass daraus der Körper entsteht.

4.

Zieh die Umrisslinie von Kopf, Körper und Hinterbein nach und ergänze die Schnauze auf der linken Seites des Kopfs.

5.

Positioniere das Auge und die Nase in der Form von abgerundeten Dreiecken. Zeichne nun das Ohr mit einem kleinen Bogen als Ohrfalte.

6.

Ergänze etwas Fell an Stirn und Brust.

7.

Die vier Beine zeichnest du als U-Formen; mit kleinen Linien werden die Hufe dargestellt.

8.

Zum Schluss stattest du dein Rentier noch mit einem imposanten Geweih aus.

WASCHBÄR

1.

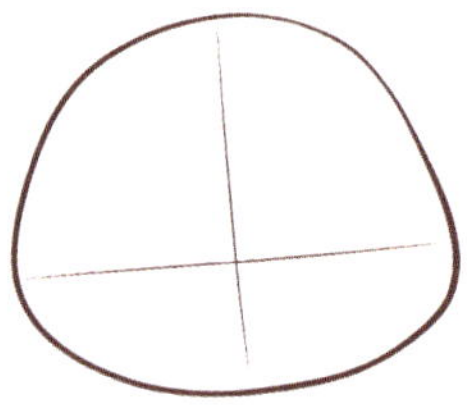

Zeichne eine abgerundete Trapezform für den Kopf. Die Hilfslinien geben die Blickrichtung des Waschbären an.

2.

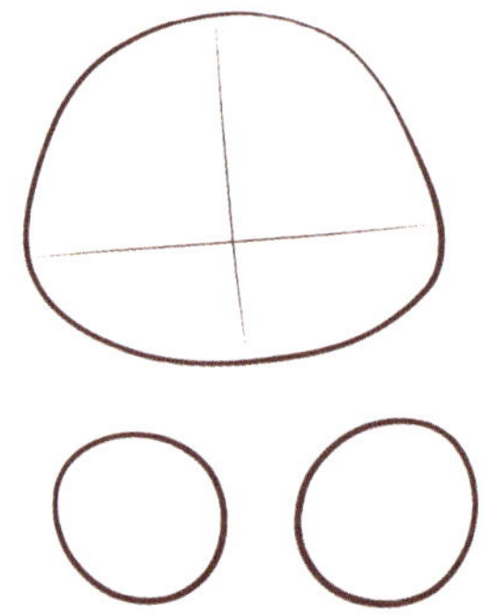

Ergänze zwei kleine Kreise für die Hinterbeine unter dem Kopf.

3.

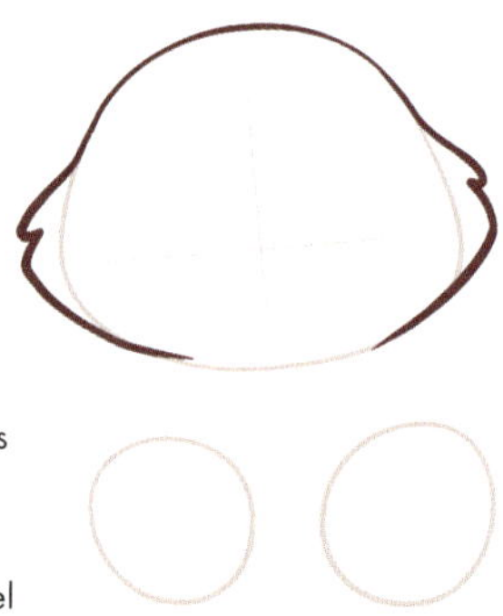

Zieh die Kontur des Kopfs anhand der Skizze nach und ergänze Fellbüschel an den Kopfseiten.

4.

Platziere Augen, Nase und Mund den Hilfslinien entsprechend. Die Augen zeichnest du als ausgefüllte Bogen, die Nase als abgerundetes Dreieck und den Mund als Wellenlinie.

5.

Mit zwei großen kopfstehenden V-Formen fügst du die Ohren hinzu, wobei die Linien außen länger sind als innen. Ergänze kleine Bogen im Inneren für die Ohrfalten und ein paar Fellbüschel.

6.

Arbeite die Hinterbeine weiter aus und zeichne die Füße. Dann verbindest du mit einer schwungvollen Linie den Kopf mit den Hinterbeinen, sodass der Körper entsteht.

FUNFACT: In der Wissenschaft gelten Waschbären als intelligente Tiere. Man hat außerdem herausgefunden, dass in der Stadt lebende Waschären noch intelligenter sind als ihre Artgenossen in freier Wildbahn.

7.

Zeichne etwas Fell im Brustbereich.

8.

Die Vorderbeine entstehen aus U-Formen.

9.

Zeichne den buschigen Schwanz. Mit seinem Fell ist der Waschbär gut zu erkennen.

WIDDER

1.

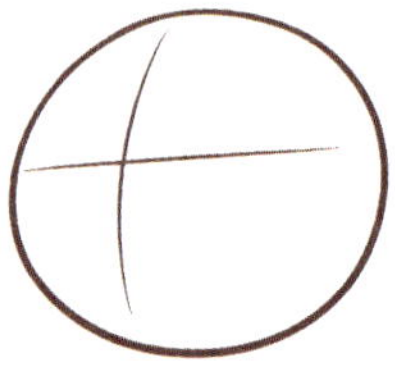

Zeichne für den Kopf ein Oval, mit Hilfslinien, die vorgeben, in welche Richtung der Widder guckt.

2.

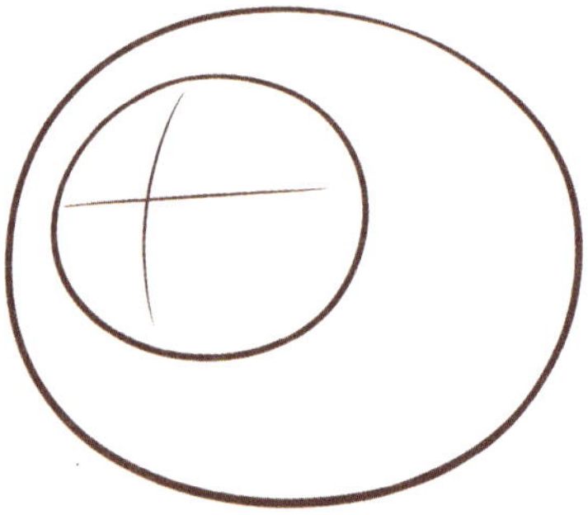

Für den Körper zeichnest du ein größeres Oval um den Kopf herum.

3.

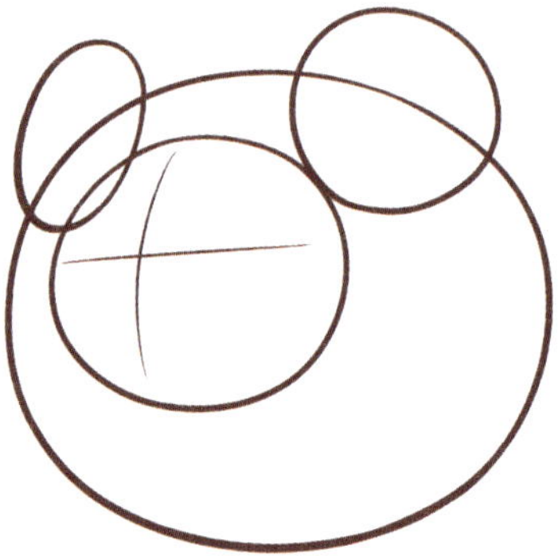

Füge für die Hörner zwei kleinere Ovale hinzu, die über die Kontur des Körpers hinausragen.

4.

Orientiere dich an der Skizze und überarbeite die Form des Körpers mit geschwungenen Linien für die dicke Schafswolle.

5.

Ergänze Augen und Nase anhand der Hilfslinien. Die Augen sind ausgefüllte Bogen, die Nase ist ein Y.

6.

Überarbeite die Kontur des Gesichts mit einer unregelmäßigen Wellenlinie, sodass es von dicker Wolle eingerahmt wird.

FUNFACT: Die Hörner von Dickhornschaf-Widdern können bis zu 14 Kilo wiegen. Kämpfen zwei Widder um ihren Platz in der Rangordnung oder ein Weibchen prallen sie dabei mit Geschwindigkeiten von bis zu 32 km/h aufeinander.

7.

Zeichne die drei sichtbaren Beine als kurze U-Formen.

8.

Überarbeite die Hörner, indem du das vordere Horn wie eine Schnecke und das hintere als Bogen zeichnest.

9.

Der Schwanz des Widders ist nur ein kleiner Bogen.

ROTER PANDA

1.

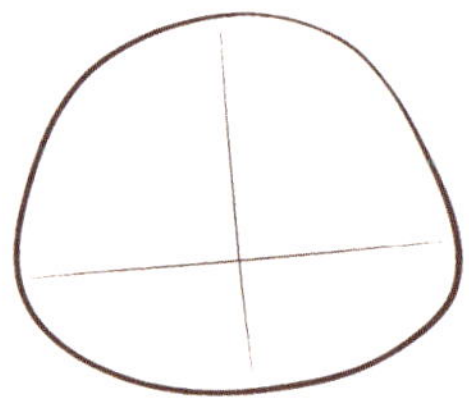

Zeichne eine abgerundete Trapezform für den Kopf, mit Hilfslinien, die die Blickrichtung des Roten Pandas vorgeben.

2.

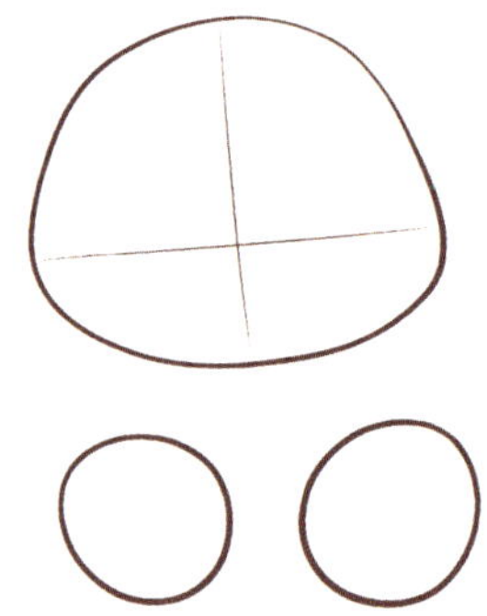

Setze zwei kleine Kreise für die Hinterbeine unter den Kopf.

3.

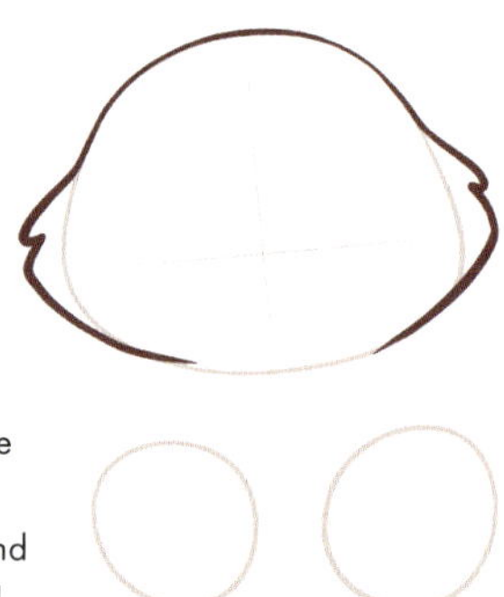

Zieh die Umrisslinie des Kopfs anhand der Skizze nach und ergänze etwas Fell an den Kopfseiten.

4.

Positioniere Augen, Nase und Mund anhand der Hilfslinien. Die Augen zeichnest du als ausgefüllte Bogen, die Nase als abgerundetes Dreieck und den Mund als Wellenlinie.

5.

Anschließend fügst du die Ohren als zwei kopfstehende V-Formen hinzu, wobei die Linien außen länger sind als innen. Ergänze im Inneren kleine Bogen für die Ohrfalte und ein paar Fellbüschel.

6.

Arbeite die Hinterbeine weiter aus und zeichne die Füße. Dann verbindest du mit einer schwungvollen Linie den Kopf mit den Hinterbeinen, sodass der Körper entsteht.

FUNFACT: Der Rote Panda ist nicht viel größer als eine Hauskatze, aber dank seines bis zu 55 cm langen Schwanzes ist er deutlich länger. Tagsüber schläft er die meiste Zeit und legt dabei seinen Schwanz wie eine Schlafmaske vor das Gesicht.

7.

Zeichne etwas Fell im Brustbereich.

8.

Die Vorderbeine bestehen aus U-Formen.

9.

Zeichne den langen Schwanz. Du erkennst den Roten Panda mit seiner Fellzeichnung.

NASHORN

1.

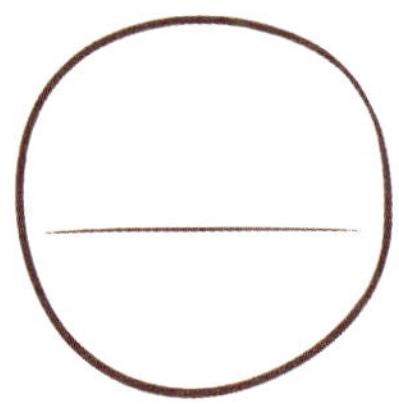

Skizziere den Kopf als Kreis, mit einer Hilfslinie, die zeigt, in welche Richtung das Nashorn schaut.

2.

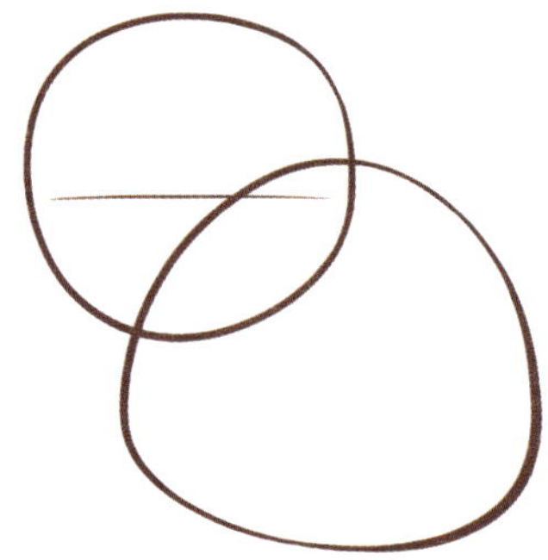

Für den Körper zeichnest du eine abgerundete Trapezform, die sich mit dem Kopf teilweise überschneidet.

3.

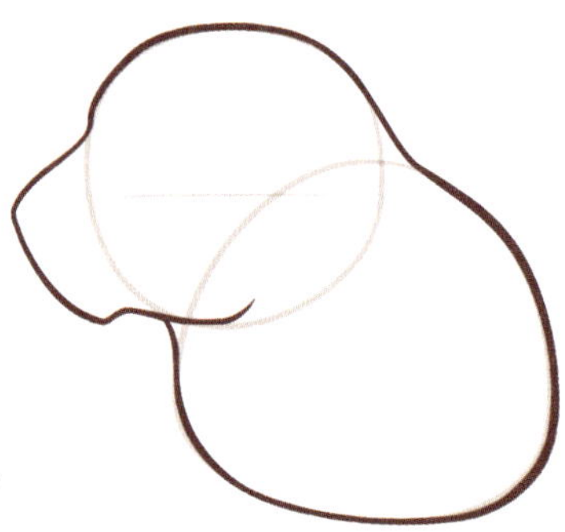

Zieh die Umrisse von Kopf und Körper anhand der Skizze nach und füge die markante Schnauze auf der linken Seites des Kopfs hinzu.

4.

Mit zwei kopfstehenden V-Formen skizzierst du die Ohren, mit Linien im Inneren für die Ohrfalte.

5.

Positioniere das Auge und den Mund anhand der Hilfslinien. Das Auge zeichnest du als längliche Tropfenform, den Mund als Wellenlinie.

6.

Ergänze das Horn als abgerundetes Dreieck auf der Schnauze. Die Basis des Dreiecks ist gebogen, damit das Horn plastisch wirkt.

FUNFACT: Obwohl es Nashornarten gibt, die auch Weißes und Schwarzes Nashorn genannt werden, sind sie in Wirklichkeit alle grau.

7.

Ergänze dicke, kurze Vorder- und Hinterbeine.

8.

Die Füße bekommen Zehennägel mit kleinen kopfstehenden U-Formen.

9.

Zuletzt zeichnest du einen kurzen, dünnen Schwanz mit Puschel.

STINKTIER

1.

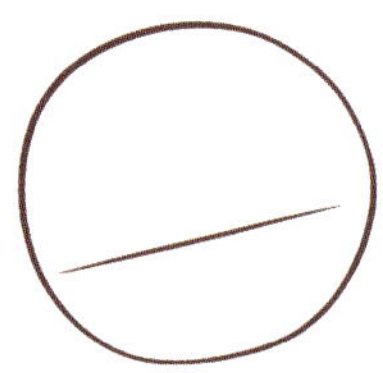

Für den Kopf zeichnest du einen Kreis mit einer Hilfslinie für die Blickrichtung des Stinktiers.

2.

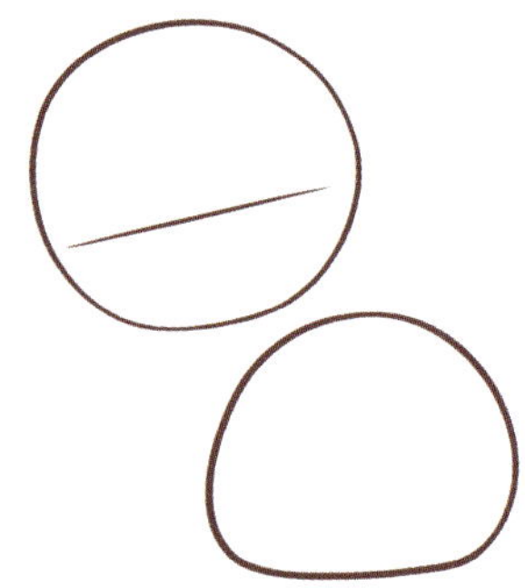

Füge ein ähnlich großes abgerundetes Trapez unterhalb des Kopfs für das Hinterbein hinzu.

3.

Verbinde die beiden Formen mit geschwungenen Linien, sodass der Körper entsteht.

4.

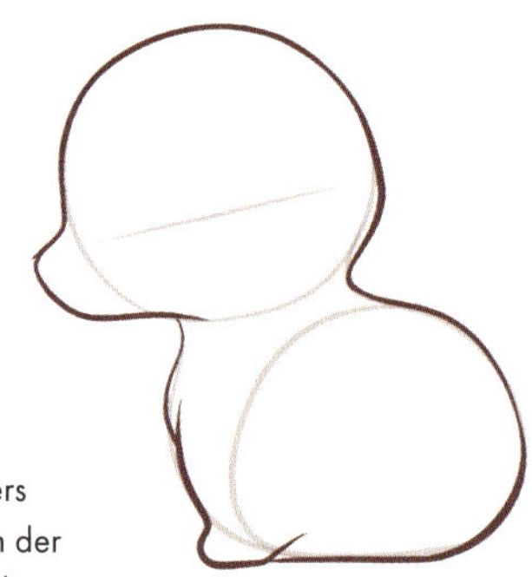

Beim Überarbeiten der Form des Stinktiers orientierst du dich an der Skizze und ergänzt dann die Schnauze an der linken Kopfseite und unten links einen Fuß.

5.

Platziere Auge, Nase und Mund. Das Auge ist eine längliche Tropfenform, die Nase ein Dreieck und der Mund ein kleiner Bogen. Füge noch einen winzigen Bogen über dem Auge hinzu.

6.

Zeichne das Ohr als kopfstehende U-Form mit einem kleinen Bogen im Inneren für die Ohrfalte.

FUNFACT: Nur in besonderen Gefahrensituationen versprühen Stinktiere ihr übelriechendes Sekret. Glücklich, wer eine Riechstörung für diese Duftstoffe hat!

7.

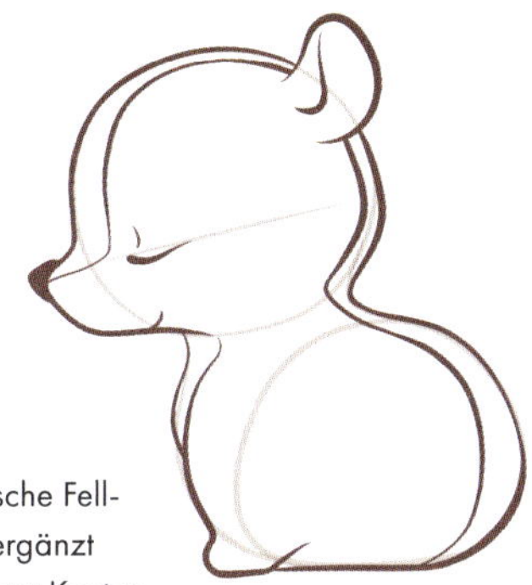

Für die typische Fellzeichnung ergänzt du parallel zur Kontur eine Linie von Nasenspitze bis Hinterteil.

8.

Gestalte Fellbüschel auf dem Oberkopf, entlang des Rückens und im Brustbereich.

9.

Wenn dein Stinktier seinen großen buschigen Schwanz erhalten hat, ist deine Zeichnung fertig.

FAULTIER

1.

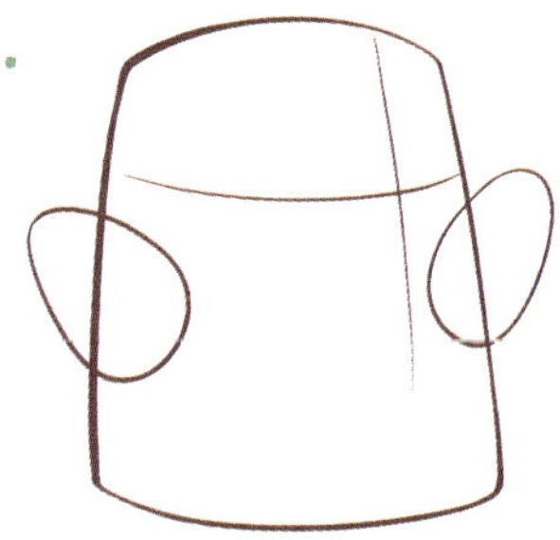

Zeichne ein großes, abgerundetes Trapez für Kopf und Körper und dann, etwas überlappend, für die Arme zwei kleine Ovale an den Seiten.

2.

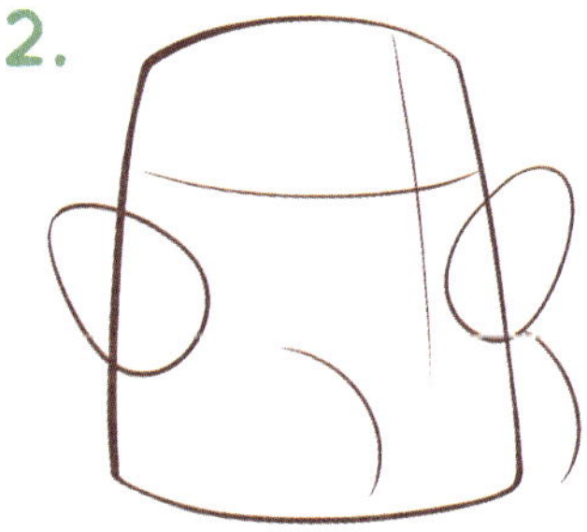

Für die Beine fügst du unten am Körper zwei parallele Bogen hinzu.

3.

Orientiere dich an den Linien der Skizze und ziehe die Konturen von Kopf, Körper und Beinen nach. Die Beine bekommen noch spitze Krallen.

4.

Überarbeite die Form der Arme und versieh sie ebenfalls mit spitzen Krallen.

5.

Zeichne eine kleinere Trapezform für die Konturen der Fellzeichnung rund um das Gesicht.

6.

Positioniere Augen, Nase und Mund anhand der Hilfslinien im Gesicht. Die Augen sind ausgefüllte Bogen, die Nase ist ein abgerundetes Dreieck, der Mund eine Wellenlinie.

7.

Um die Augen ziehst du Bogen für weitere Details der Fellzeichnung.

8.

Zum Schluss bekommt dein Faultier noch ein Fellbüschel am Oberkopf. Mit kleinen Strichen überall auf dem Körper deutest du die Felltextur an.

ZEBRA

1.

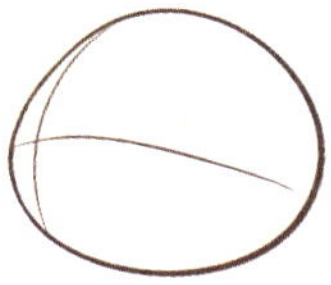

Beginne mit einem Oval für den Kopf. Die Hilfslinien zeigen, in welche Richtung das Zebra guckt.

2.

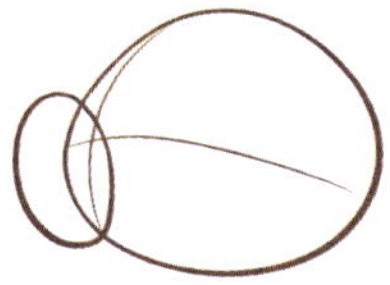

Mit einem kleineren Oval auf der linken Kopfseite skizzierst du die Schnauze.

3.

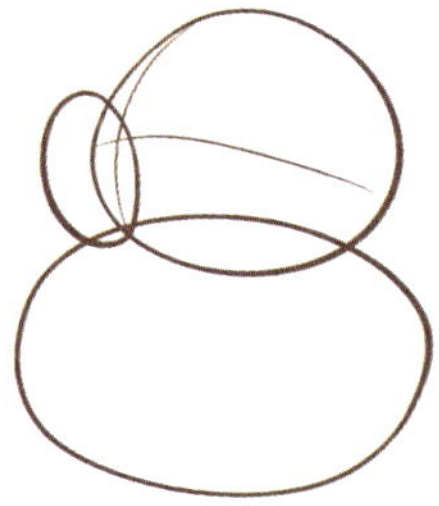

Füge für den Körper ein großes Oval hinzu, das sich teilweise mit dem Kopf überschneidet.

4.

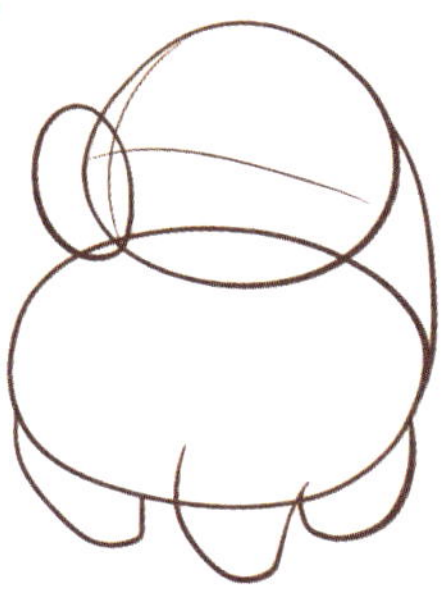

Mit einem sanften Bogen auf der rechten Seite werden Kopf und Körper miteinander verbunden. Mit U-Formen ergänzt du die drei sichtbaren Beine.

5.

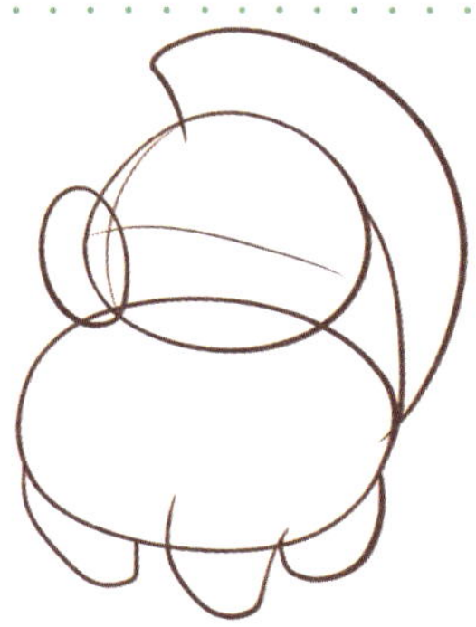

Zeichne die Mähne mit einem Bogen, der am Oberkopf beginnt und dem Verlauf des Halses folgt.

6.

Der Schwanz wird als dünne Wellenlinie mit einem Kreis an der Spitze skizziert.

7.

Überarbeite deine Zeichnung anhand der Skizzenlinien. Ein Bogen definiert die Schnauze, das Auge wird als ausgefüllter Bogen mittig auf der Hilfslinie positioniert.

8.

Jetzt erhält dein Zebra noch Texturlinien bei Mähne und Schwanz; horizontale Linien auf den Beinen deuten Hufe an und mit einem winzigen Oval wird die Nüster auf der Schnauze ergänzt.

STREIFENHÖRNCHEN

1.

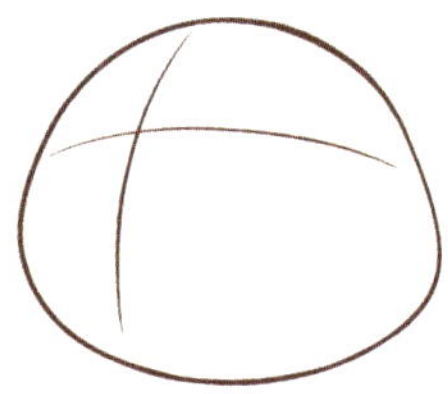

Der Kopf wird als abgerundetes Trapez gezeichnet, mit Hilfslinien, die die Blickrichtung vorgeben.

2.

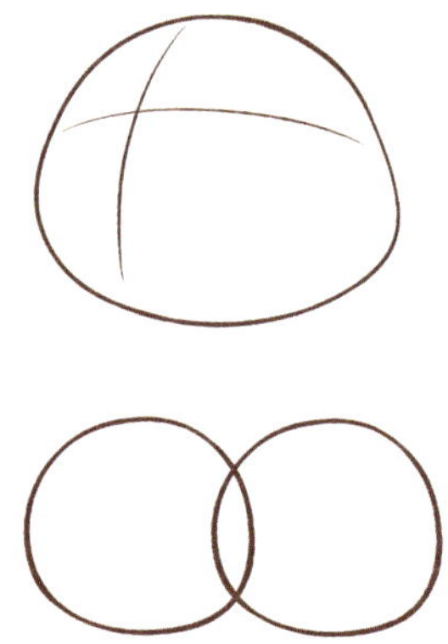

Füge zwei sich leicht überschneidende Kreise für die Hinterbeine unterhalb des Kopfs hinzu.

3.

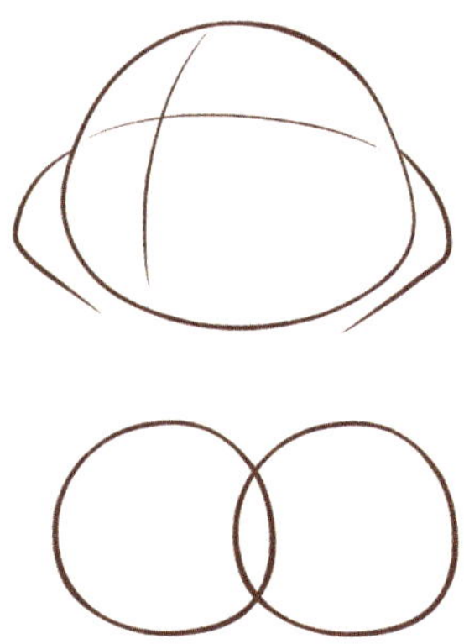

Zeichne an beiden Seiten des Kopfs je einen Spitzbogen für die Bäckchen.

4.

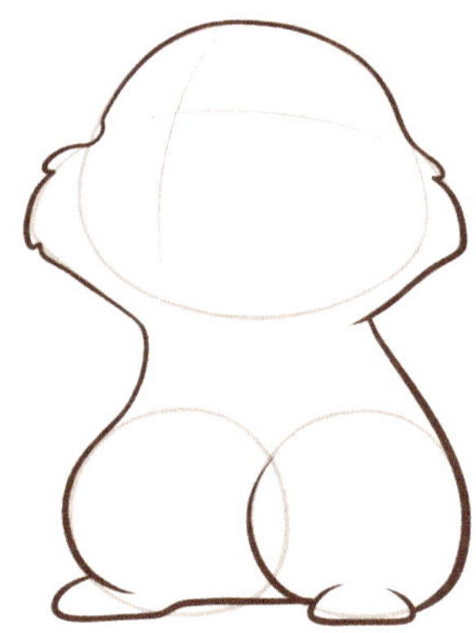

Überarbeite die Form von Kopf und Hinterbeinen anhand der Skizze. Verbinde die Formen mit geschwungenen Linien, sodass der Körper entsteht, und ergänze die Füße.

5.

Orientiere dich an den Hilfslinien und zeichne die Augen als längliche Tropfenformen, die Nase als abgerundetes Dreieck, den Mund als Wellenlinie und die Zähne als Trapezform.

6.

Mit feinen Linien werden die Konturen für die Fellzeichnung am Kopf skizziert.

FUNFACT: Die von Hörnchen für Notzeiten angelegten und sorgfältig verstecken Nahrungsvorräte werden am häufigsten von anderen Hörnchen stibitzt.

7.

Füge die Ohren als kopfstehenden U-Formen hinzu, mit Bogen für die Ohrfalten.

8.

Die Vorderbeine werden als U-Formen gezeichnet.

9.

Gestalte einen dicken, buschigen Schwanz für das Streifenhörnchen.

10.

Bestimmt freut sich das kleine Hörnchen über eine leckere Eichel, die es mit den Vorderpfoten halten kann.

TIGER

1.

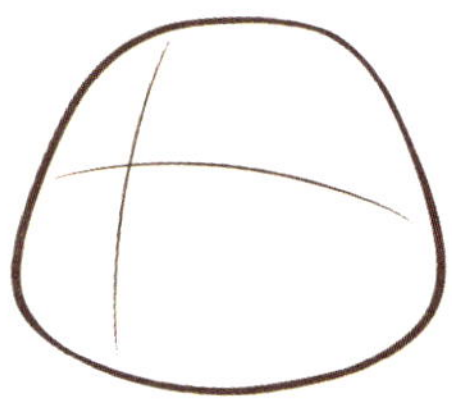

Zeichne ein abgerundetes Trapez für den Kopf, mit Hilfslinien, die zeigen, in welche Richtung der Tiger schaut.

2.

Füge für den Körper ein längliches Oval hinzu, das sich mit dem Kopf etwas überschneidet.

3.

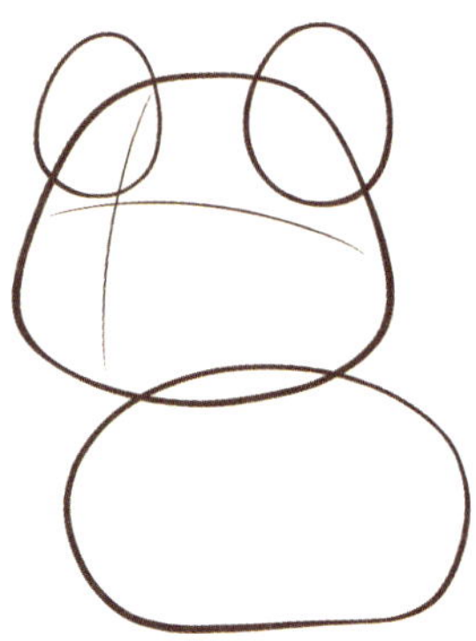

Als Ohren ergänzt du zwei kleinere Ovale, die sich mit dem Oberkopf überlappen.

4.

Überarbeite die Form von Kopf und Körper anhand der Skizzenlinien. Ergänze einen Bogen an der Unterseite des Körpers und deute damit ein Vorderbein an.

5.

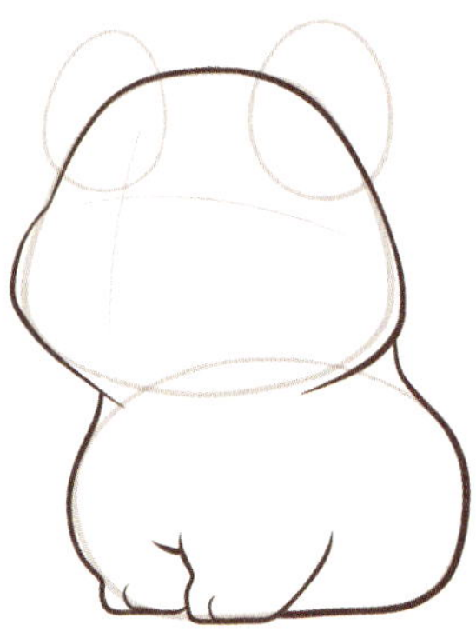

Mit weiteren geschwungenen Linien arbeitest du die Vorderbeine fertig aus.

6.

Platziere Nase und Schnauze anhand der Hilfslinien. Die Nase besteht aus einem abgerundeten Dreieck, der Mund aus einer Wellenlinie.

FUNFACT: Das Streifenmuster von Tigern ist bei jedem Tier anders, wie der Fingerabdruck jedes Menschen anders ist. Übrigens ist bei Tigern nicht nur das Fell gestreift, sondern auch die Haut darunter.

7.

Jetzt zeichnest du die Augen als langgezogene Tropfen, den Mund als V-Form mit einem kleinen Bogen im Inneren für die Zunge und winzigen V-Formen als Reißzähnen.

8.

Arbeite die Ohren mit etwas Fell im Inneren und Bogen für die Ohrfalten weiter aus.

9.

Ergänze auch noch Fell am Kopf und im Brustbereich.

10.

Als Letztes zeichnest du deinem Tiger einen Schwanz aus Konturen einer S-Form.

WOLF

1.

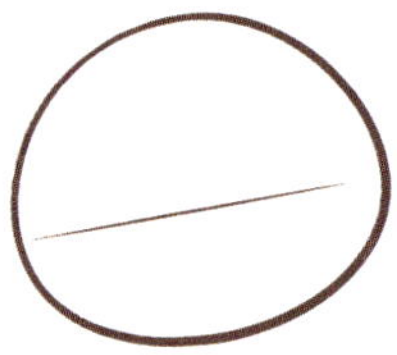

Beginne mit einem Oval als Kopf, mit einer Hilfslinie, die die Blickrichtung des Wolfs vorgibt.

2.

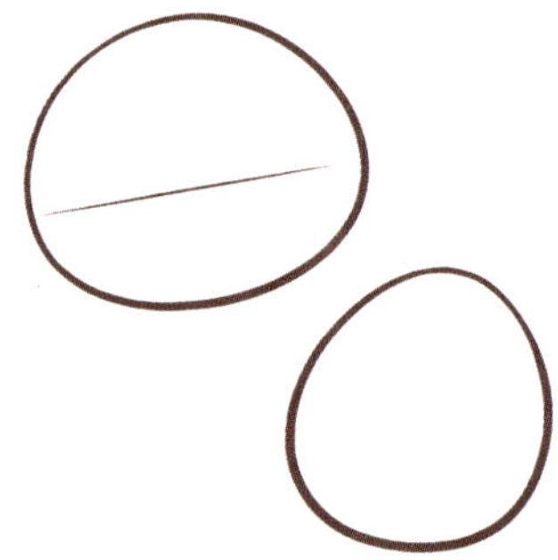

Für das Hinterbein wird eine Ei-Form unterhalb des Kopfs gezeichnet.

3.

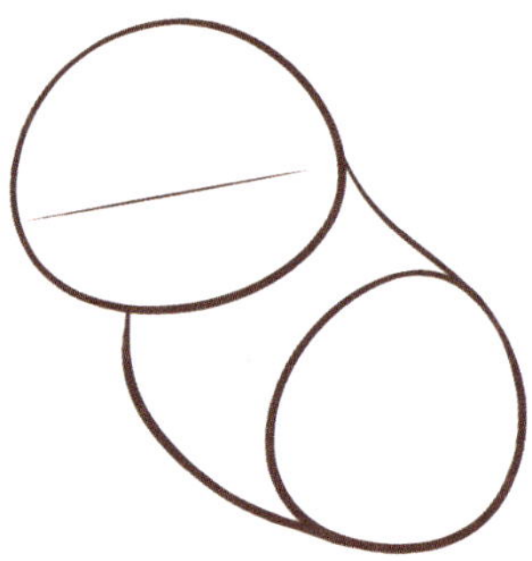

Wenn du jetzt die beiden Teile mit zwei Bogen verbindest, entsteht der Körper.

4.

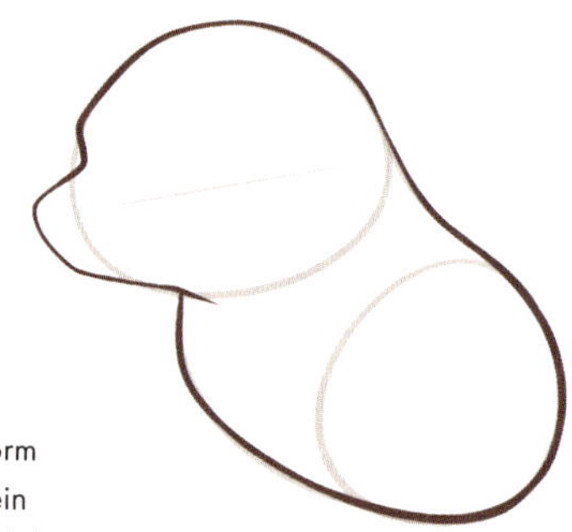

Überarbeite die Form von Kopf, Hinterbein und Körper anhand der Skizzenlinien. Ergänze die Schnauze auf der linken Kopfseite.

5.

Jetzt kommen die Gesichtszüge hinzu: das Auge, ein langgezogener Tropfen, die Nase, ein abgerundetes Dreieck, und der Mund, ein Bogen mit einem winzigen V als Reißzahn.

6.

Ergänze dann die Ohren als kopfstehende V-Formen mit geschwungenen Linien im Inneren für die Ohrfalten.

FUNFACT: Ein Wolf kann bei einer Mahlzeit bis zu elf Kilo Fleisch vertilgen.

7.

Überarbeite die Form des Hinterbeins und ergänze eine Pfote.

8.

Füge die Vorderbeine hinzu und gestalte die Pfoten mit geschwungenen Linien.

9.

Zeichne etwas Fell in den Ohren, auf dem Oberkopf, an beiden Seiten des Kopfs und auf der Brust.

10.

Jetzt kommt der buschige Schwanz dazu.

11.

Zuletzt die Konturen der Fellzeichnung im Gesicht des Wolfs einzeichnen.

SÄUGETIERE IM WASSER & AM UFER

BIBER

1.

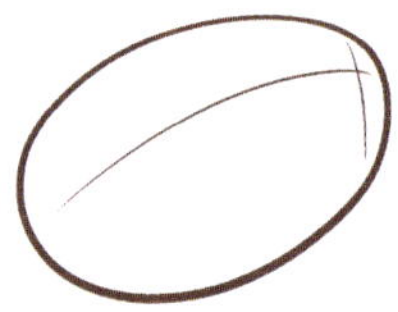

Zeichne ein Oval für den Kopf, mit Hilfslinien, die vorgeben, in welche Richtung der Biber schaut.

2.

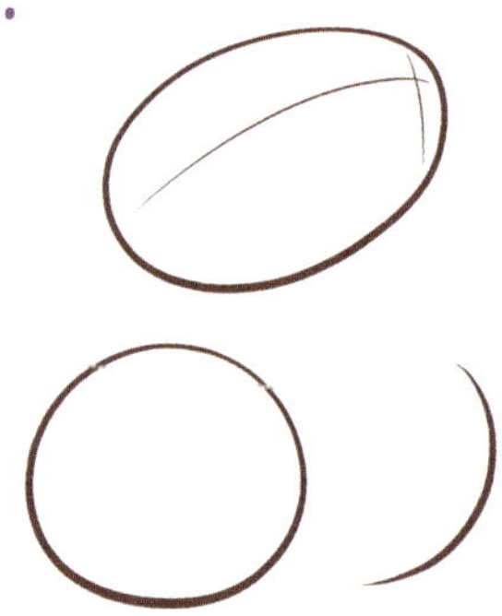

Unter dem Kopf skizzierst du einen Kreis und einen Bogen für den Körper.

3.

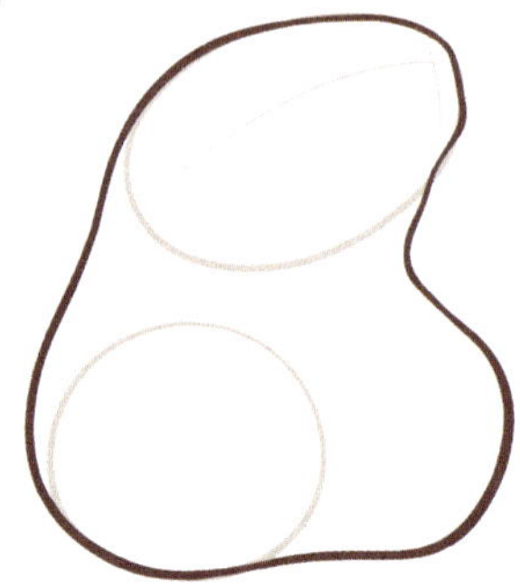

Gestalte die Kontur von Kopf und Körper anhand der skizzierten Formen.

4.

Positioniere das Auge als schräge, längliche Tropfenform, die Nase als gerundetes Trapez und den Mund als kopfstehendes V mit einem vorstehenden Schneidezahn.

5.

Füge für den vorderen Fuß ein Oval, für den hinteren einen Bogen hinzu. Ergänze als Detail eine kleine Wellenlinie im vorderen Fuß.

6.

Füge den vorderen Arm als U-Form hinzu, den hinteren als Bogen.

7.

Den Schwanz zeichnest du mit einem kräftigen Bogen und ergänzt parallel dazu eine Linie, damit er plastisch wirkt. Ein Kreuzmuster verleiht ihm Textur.

8.

Zum Schluss kannst du deinem Biber noch einen kleinen dicken Ast zum Halten geben.

DELFIN

1.

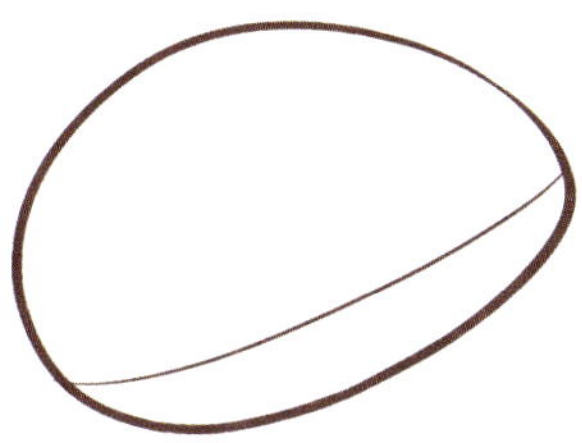

Beginne mit einem großen Oval für Kopf und Körper. Zeichne eine Hilfslinie für die Blickrichtung des Delfins.

2.

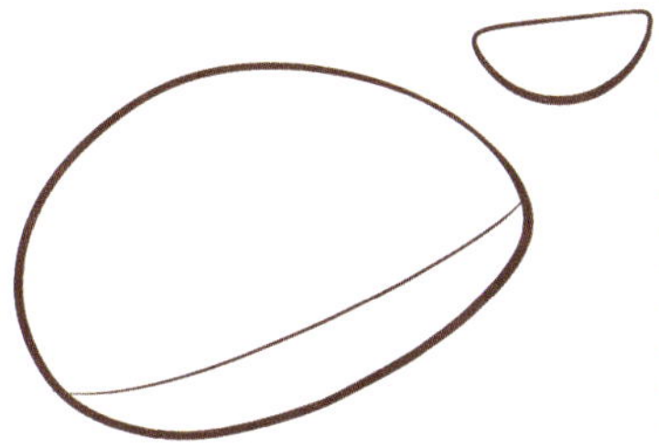

Ergänze als Schwanz einen kleinen Halbkreis rechts über dem Oval aus Schritt 1.

3.

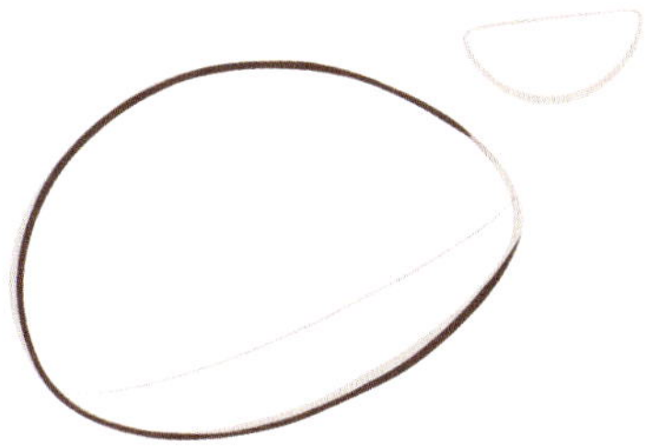

Ziehe die Konturen des Ovals anhand der Skizze nach.

4.

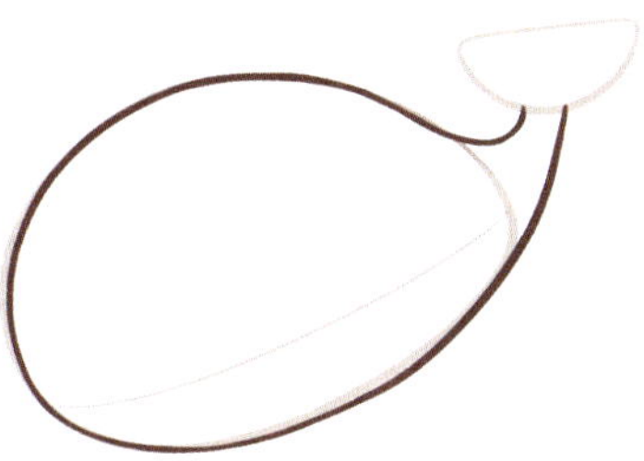

Verbinde den Körper mit geschwungenen Linien mit der Schwanzform.

5.

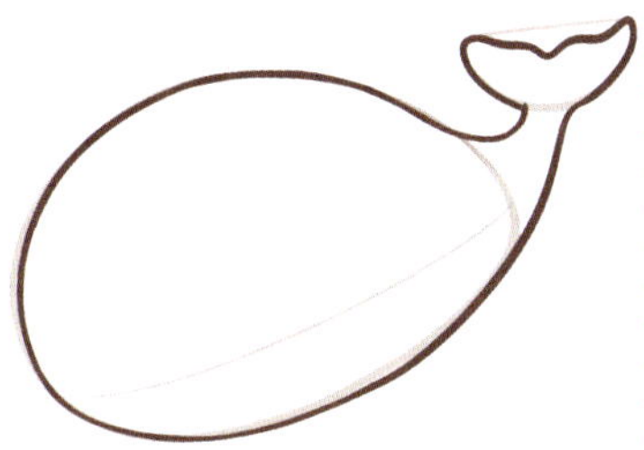

Überarbeite den Schwanz. Füge in der Mitte eine U-förmige Kerbe hinzu.

6.

Anhand der Hilfslinie positionierst du das Auge und die Schnauze. Zeichne das Auge als längliche Tropfenform, die Schnauze als U-Form mit einem Bogen für den Mund.

7.

Ergänze die Brustflosse an der Seite des Körpers mit einer U-Form.

8.

Mit einer kopfstehenden V-Form erhält dein Delfin jetzt noch seine Rückenflosse.

NILPFERD

1.

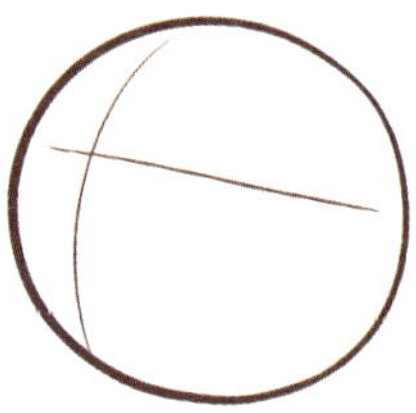

Ein großer Kreis ist die Grundform für den Kopf. Die Hilfslinien geben die Blickrichtung des Nilpferds vor.

2.

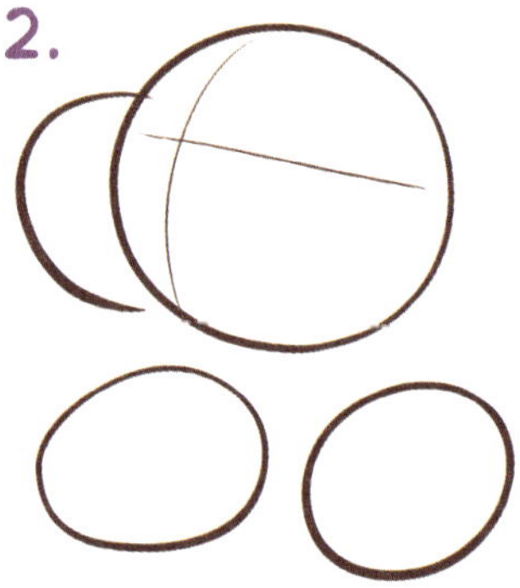

Ergänze einen Bogen links neben dem Kopf für die Schnauze und zwei Ovale unterhalb des Kopfs für die Hinterbeine.

3.

Überarbeite die Skizze. Verbinde die Formen mit einer geschwungenen Linie. Zeichne die rechte Seite der Schnauze.

4.

Zeichne das Auge als länglichen Tropfen und die Nüstern wie normale Tropfen.

5.

Mit Bogen bei den Beinen werden die Hufe angedeutet.

6.

Ergänze mit einem kleinen Bogen das Kinn und mit kleinen U-Formen die Zähne.

7.

Die Ohren werden als kopfstehende V-Formen gezeichnet, kleine Bogen markieren die Ohrfalten.

8.

Jetzt braucht dein Nilpferd nur noch seine Vorderbeine, die du als U-Formen zeichnest. Mit kleinen Bogen werden die Hufe angedeutet.

SEEKUH

1.

Der Kopf wird als Oval skizziert. Die Hilfslinien geben die Blickrichtung der Seekuh vor.

2.

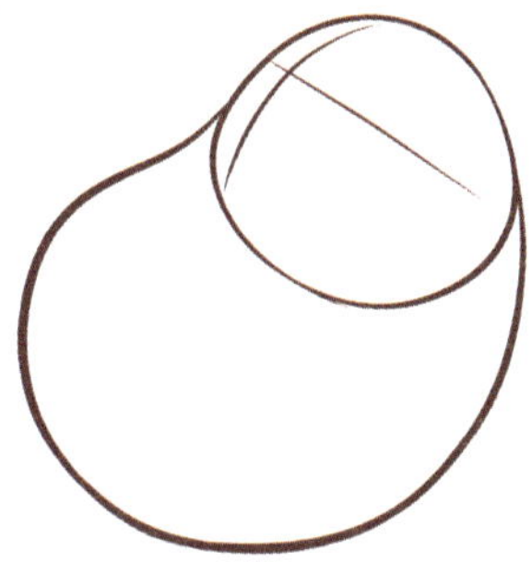

Für den Körper zeichnest du vom Kopf ausgehend eine große U-Form, sodass er etwa wie eine Geleebohne aussieht.

3.

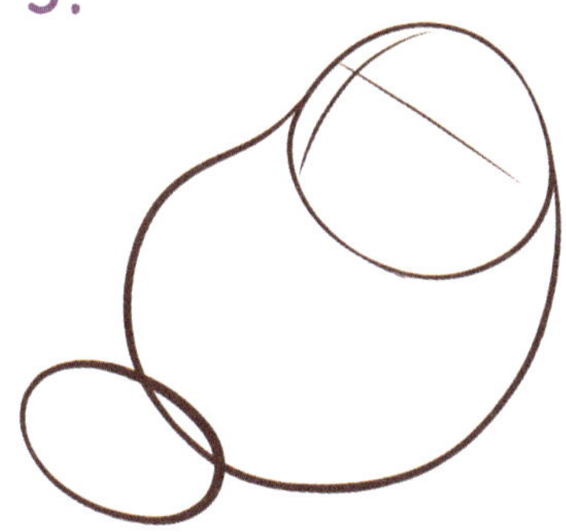

Ergänze unten am Körper ein kleines Oval für den Schwanz.

4.

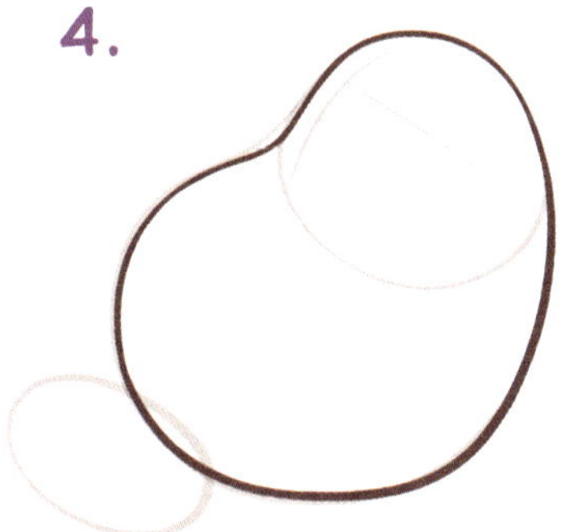

Zieh die Umrisse von Kopf und Körper nach, halte dich dabei an die Linien der Skizze und behalte die Bohnenform bei.

5.

Mit zwei Bogen wird beim Kopf die Schnauze skizziert.

6.

Positioniere das tropfenförmige Auge. Die Nüstern sind kopfstehenden U-Formen. Mit ein paar Pünktchen werden Tasthaare auf der Schnauze angedeutet.

7.

Arbeite den Schwanz aus. Er sollte eine abgerundete paddelähnliche Form haben.

8.

Nun braucht die Seekuh noch Brustflossen. Die rechte Flosse zeichnest du mit einer U-Form, die linke ist ein Bogen.

ELCH

1.

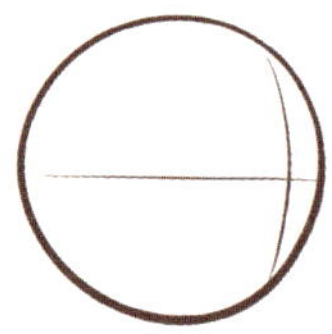

Zeichne einen Kreis für den Kopf mit Hilfslinien, die vorgeben, in welche Richtung der Elch später schaut.

2.

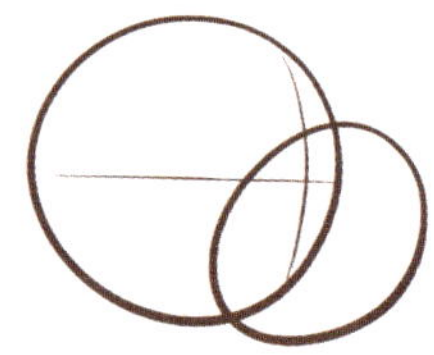

Füge für die Schnauze ein kleines Oval hinzu, das sich unten rechts mit dem Kopf überschneidet.

3.

Zeichne für den Körper ein größeres Oval links unter den runden Kopf.

4.

Orientiere dich an der Skizze und überarbeite Kopf und Schnauze. Der Elch erhält jetzt dickes Fell an Hals und Brust.

5.

Positioniere Auge und Nüstern anhand der Hilfslinien. Das Auge ist ein ausgefüllter Bogen, die Nüstern sind winzige Bogen.

6.

Ergänze die Ohren als kopfstehende U-Formen, kleine Bogen darin deuten die Ohrfalten an.

FUNFACT: Elche sind gute Schwimmer, sie haben Schwimmhäute zwischen den Klauen ihrer Hufe. Außerdem können sie bis zu sechs Meter tief tauchen und ihre Nüstern verschließen, während sie unter Wasser grasen.

7.

Überarbeite die Form des Körpers und ergänze mit U-Formen vier kräftige Beine.

8.

Mit feinen Linien skizzierst du die Hufe und zeichnest einen kurzen Puschelschwanz.

9.

Im letzten Arbeitsschritt erhält der Elch noch sein beeindruckendes Geweih.

NARWAL

1.

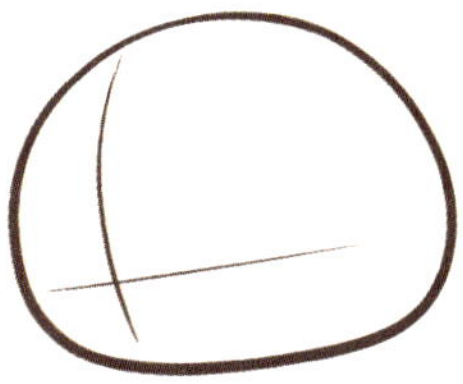

Der Kopf wird als abgerundetes Trapez gezeichnet, mit Hilfslinien, die die Blickrichtung des Narwals vorgeben.

2.

Vom Kopf aus werden zwei Bogen gezeichnet, die spitz zulaufen und den Körper bilden.

3.

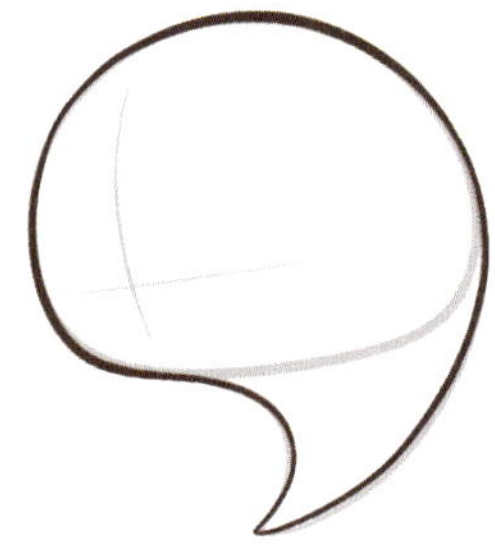

Orientiere dich an der Skizze und zieh die Konturen von Kopf und Körper nach.

4.

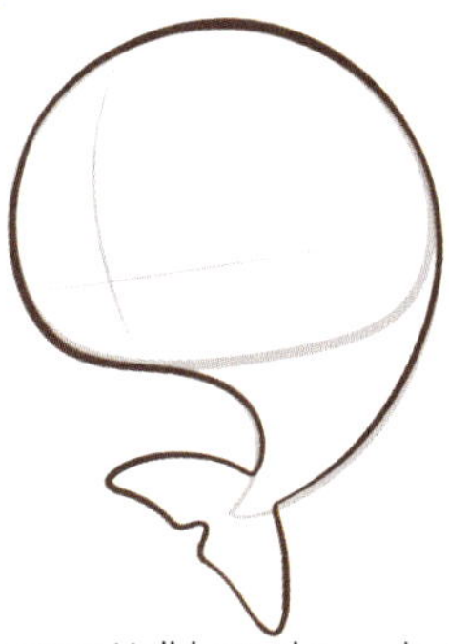

Ergänze einen Halbkreis, der an der Unterseite mittig eine kopfstehende U-förmige Kerbe hat und die Schwanzflosse bildet.

5.

Füge die Augen als dicke Tropfen und den Mund als Wellenlinie hinzu.

6.

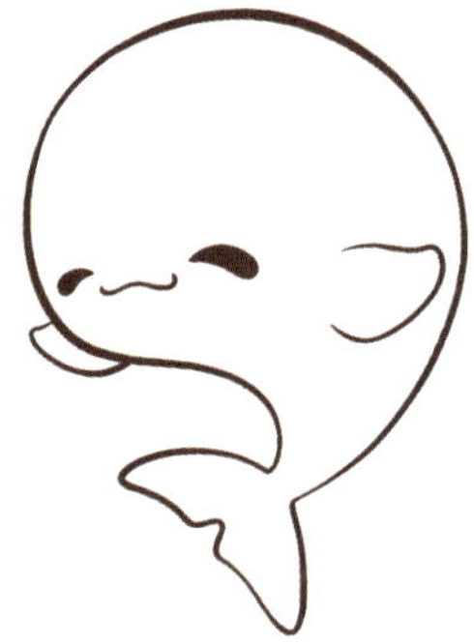

Mit U-Formen werden die Brustflossen ergänzt.

7.

Den spitzen Stoßzahn auf der Stirn zeichnest du als Dreieck, die Basis ist ein Bogen, damit der Stoßzahn plastisch wirkt.

8.

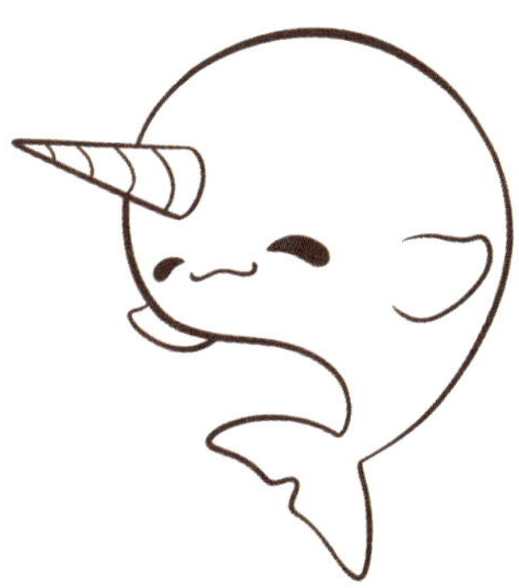

Deine Zeichnung ist fertig, wenn du den Stoßzahn noch mit einem Spiralmuster versehen hast.

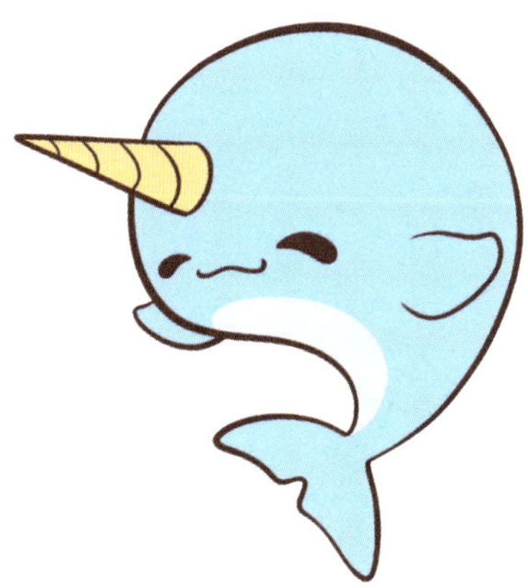

SCHWERTWAL

1.

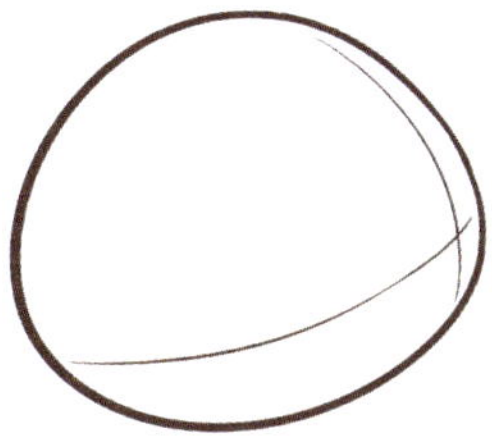

Der Kopf wird als Oval skizziert. Die Hilfslinien zeigen, in welche Richtung der Schwertwal guckt.

2.

Mit zwei Bogen an der linken Seite des Kopfs wird der Körper gezeichnet.

3.

Zieh die Konturen von Kopf und Körper anhand der Skizze nach.

4.

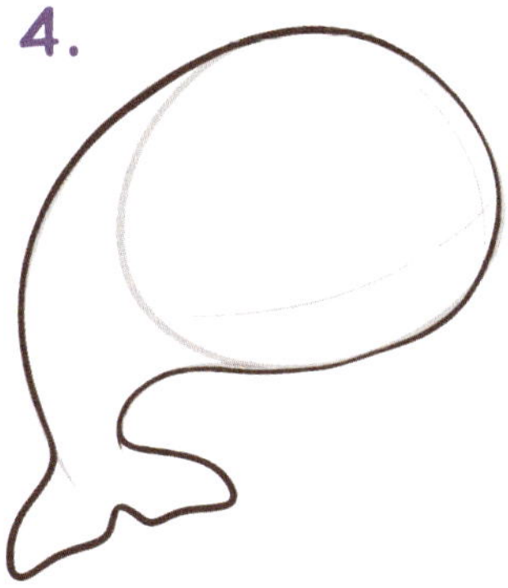

Für die Schwanzflosse zeichnest du einen Halbkreis, der an der Unterseite mittig eine kopfstehende U-förmige Kerbe hat.

5.

Füge das Auge als längliche Tropfenform und den Mund als Bogen hinzu.

6.

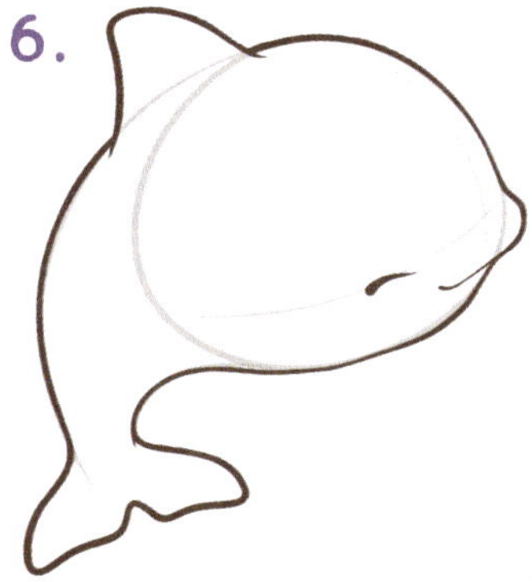

Zeichne die Rückenflosse als ein großes kopfstehendes V.

7.

Ergänze mit einer U-Form eine Brustflosse.

8.

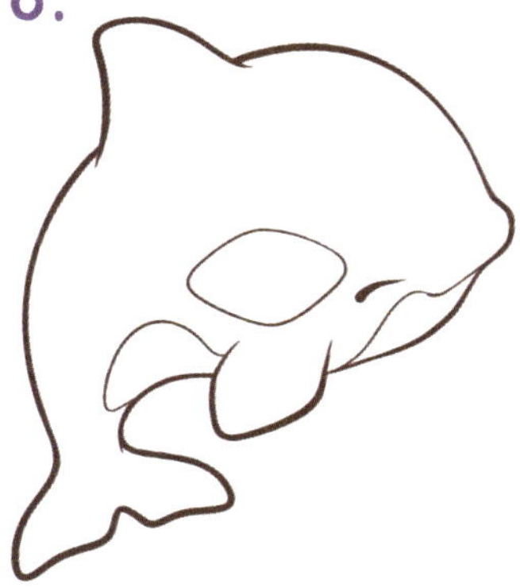

Zuletzt fügst du Konturen der charakteristischen Flecken des Schwertwals hinzu.

OTTER

1.

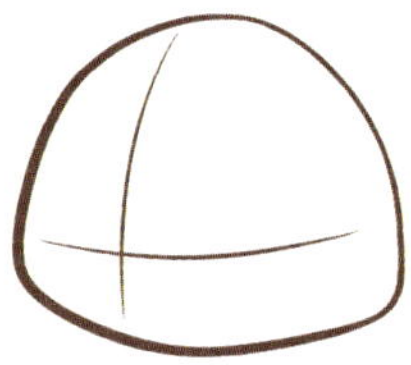

Für den Kopf zeichnest du eine abgerundete Trapezform, mit Hilfslinien, die die Blickrichtung des Otters vorgeben.

2.

Unter dem Kopf skizzierst du einen Kreis und einen Halbkreis für die Hinterbeine.

3.

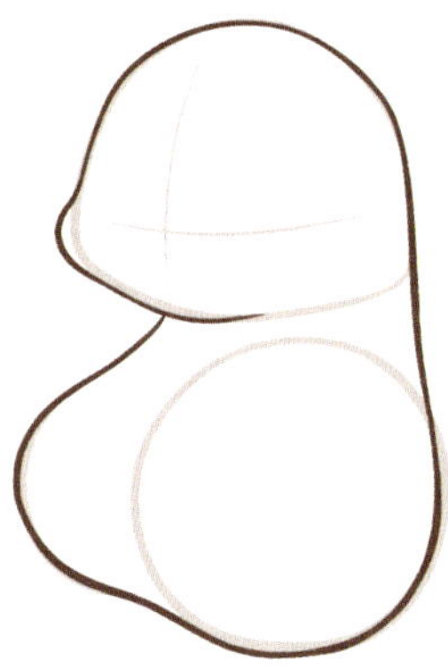

Überarbeite die Formen von Kopf und Hinterbeinen anhand der Skizze und verbinde sie mit geschwungenen Linien, sodass der Körper entsteht.

4.

Jetzt positionierst du die Nase als abgerundetes Dreieck im Schnittpunkt der Hilfslinien. Mit zwei kleinen Bogen wird die Schnauze angedeutet.

5.

Ergänze die Augen als längliche Tropfenformen und den Mund als kleinen Bogen. Füge auf jeder Seite der Schnauze zwei Schnurrhaare hinzu.

6.

Die Ohren sind kopfstehende U-Formen mit kleinen Bogen im Inneren, die die Ohrfalten andeuten.

FUNFACT: Seeotter sind bekannt dafür, Werkzeuge wie Steine zu benutzen, um damit Muscheln zu öffnen und so an ihre Nahrung zu gelangen. In ihren Hautfalten, die wie kleine Taschen sind, können sie Essen und Werkzeuge transportieren.

7.

Füge die Vorderbeine als U-Formen hinzu.

8.

Zeichne deinem Otter niedliche Füßchen.

9.

Zum Schluss bekommt er noch einen kräftigen Schwanz.

SCHNABELTIER

1.

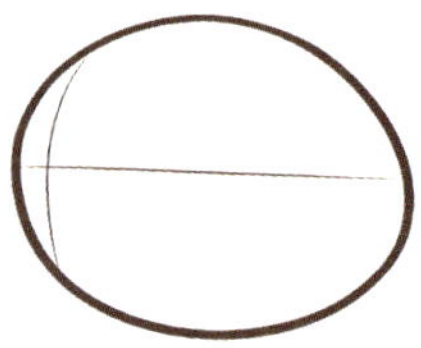

Der Kopf wird als Oval skizziert. Die Hilfslinien geben die Blickrichtung des Schnabeltiers vor.

2.

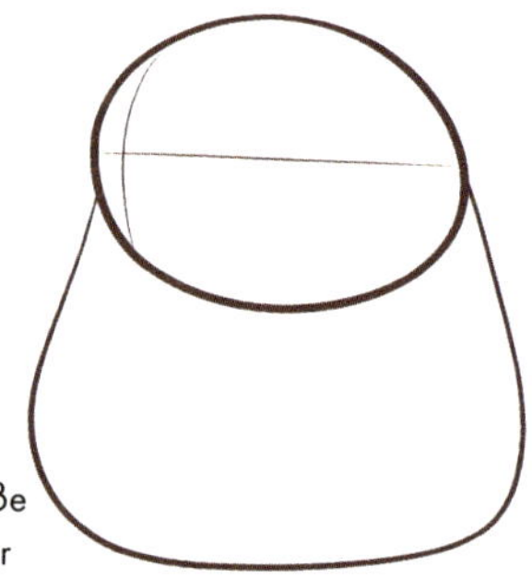

Zeichne eine große U-Form mit flacher Basis als Körper unter den Kopf.

3.

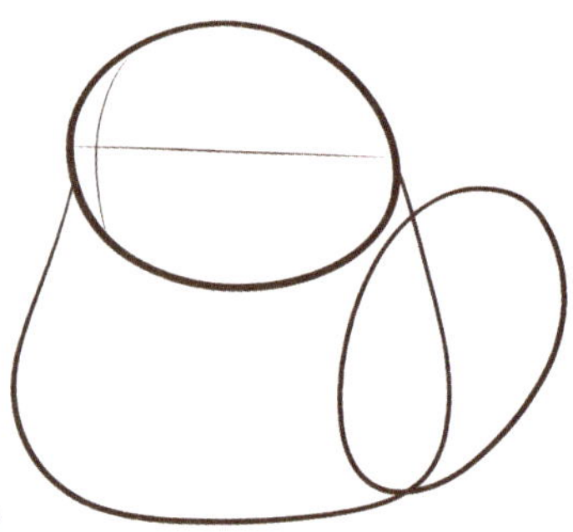

Als Schwanz wird ein längliches Oval ergänzt, das sich mit der rechten Körperseite überschneidet.

4.

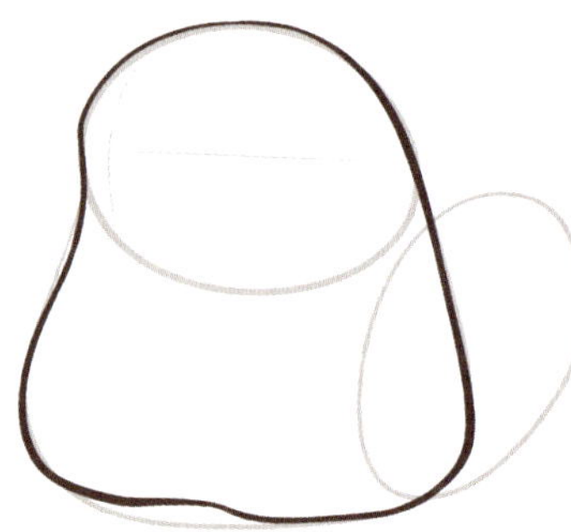

Anhand der Skizze ziehst du die Umrisse von Kopf und Körper nach.

5.

Orientiere dich für Auge und Schnabel an den Hilfslinien. Das Auge ist eine längliche Tropfenform, der Schnabel ein Viereck mit geschwungenen Seiten und winzigen kopfstehenden U-Formen als Nasenlöchern.

6.

Zeichne die Vorderbeine und versieh den rechten Fuß mit Schwimmhäuten.

FUNFACT: Schnabeltiere haben keine Zähne, deshalb nehmen sie mit der Nahrung auch Kies aus dem Flussbett auf, um sie so zu zerkleinern.

7.

Ergänze die Hinterfüße, sie haben auch Schwimmhäute.

8.

Überarbeite die Form des Schwanzes und zieh parallel zur Kontur eine feine Linie, damit der Schwanz plastisch wirkt.

9.

Gestalte den Schwanz mit einem Kreuzmuster.

ROBBE

1.

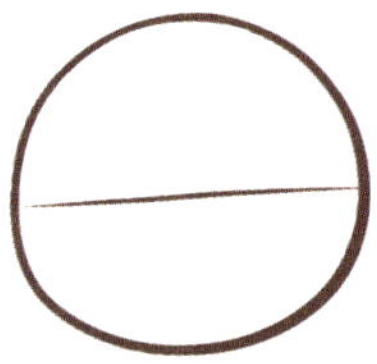

Zeichne einen Kreis für den Kopf. Die Hilfslinie zeigt, in welche Richtung die Robbe guckt.

2.

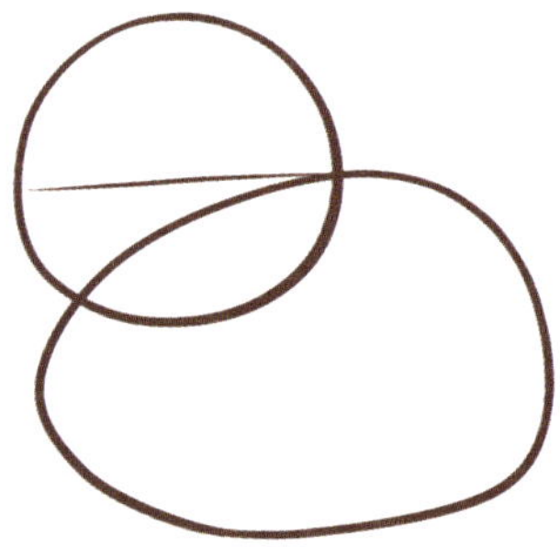

Füge ein großes Oval hinzu, das sich mit der Unterseite des Kopfs überlappt.

3.

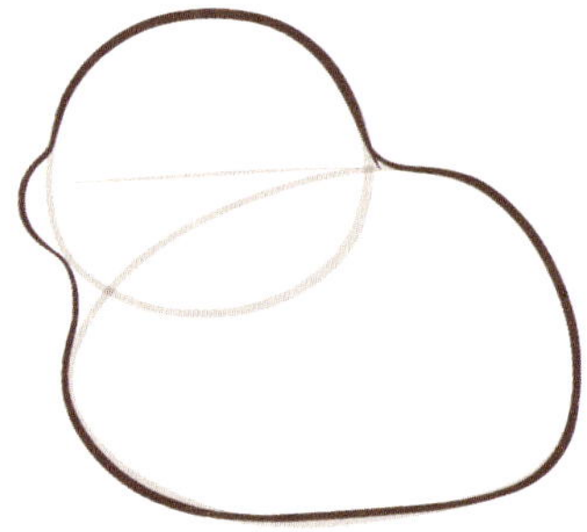

Zieh die Kontur von Kopf und Körper anhand der Skizze nach und ergänze auf der linken Kopfseite eine Schnauze.

4.

Platziere das Auge als längliche Tropfenform, die Nase als kleinen U-Bogen und den Mund als zwei gebogene Linien.

5.

Zeichne die Schwanzflosse und arbeite sie mit kleinen Linien weiter aus.

6.

Nun bekommt die kleine Robbe noch zwei Vorderflossen, die rechte zeichnest du mit einer breiten U-Form, die linke mit einem Bogen.

WAL

1.

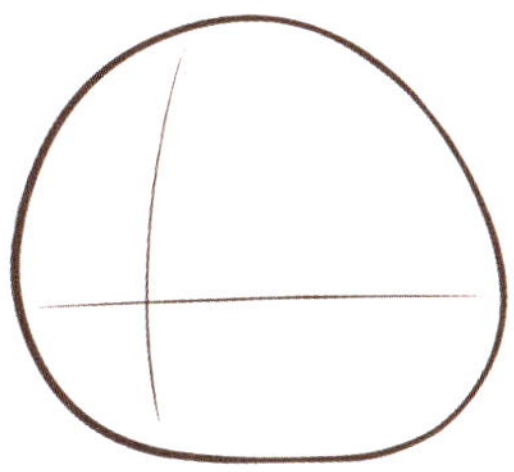

Zeichne eine große abgerundete Trapezform für Kopf und Körper. Die Hilfslinien geben die Blickrichtung des Wals vor.

2.

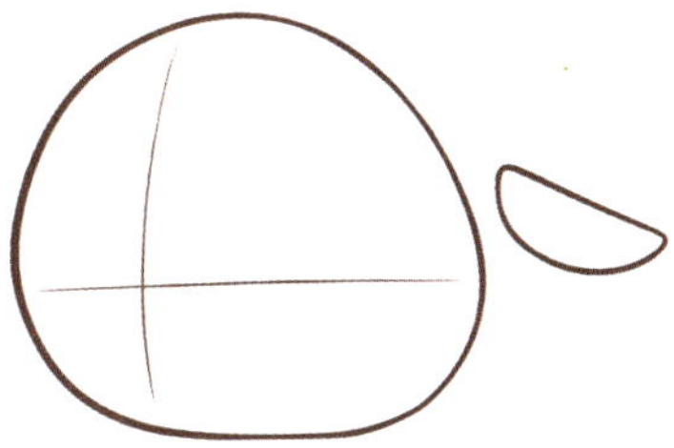

Ergänze als Schwanz einen kleinen Halbkreis rechts vom Körper.

3.

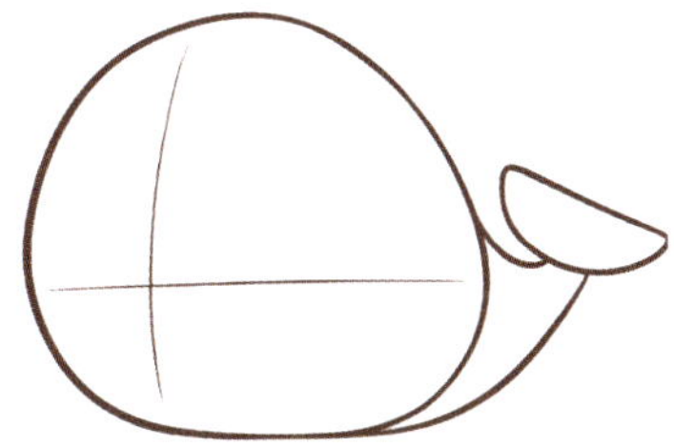

Verbinde die beiden Formen mit zwei gebogene Linien.

4.

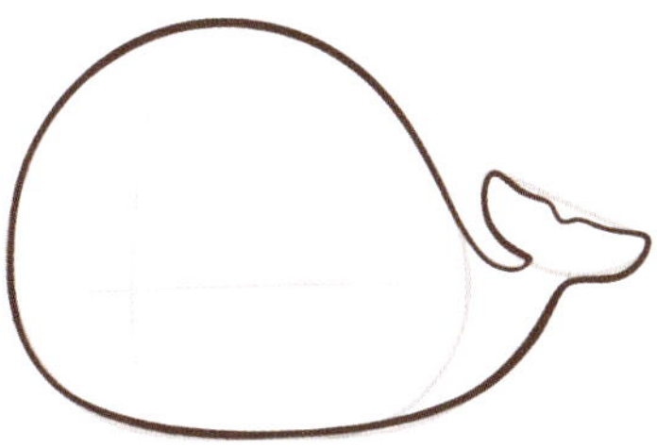

Anhand der Skizze überarbeitest du die Konturen von Kopf, Körper und Schwanz und fügst eine U-förmige Kerbe für die Schwanzflosse hinzu.

5.

Positioniere Augen und Mund. Zeichne das eine Auge als längliche Tropfenform, das andere als Bogen. Der Mund ist ein breites abgerundetes Dreieck.

6.

Ergänze die Brustflossen als U-Formen.

7.

Nun vervollkommnest du deine Zeichnung mit einer Wasserfontäne, die der Wal aus dem Blasloch ausstößt.

VÖGEL

HAHN

1.

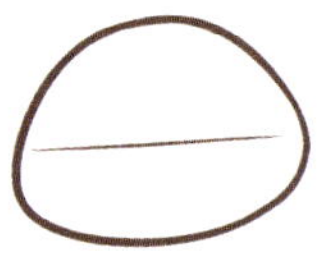

Zeichne ein Oval für den Kopf, mit Hilfslinie, die angibt, wohin der Hahn guckt.

2.

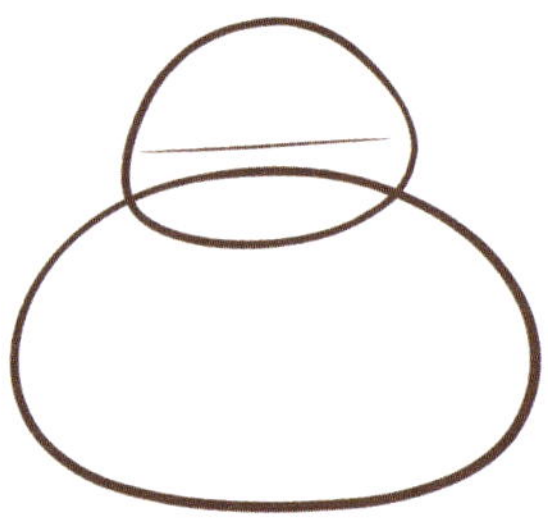

Als Körper wird ein größeres Oval ergänzt, das sich mit dem Kopf überschneidet.

3.

Überarbeite die Kopfform anhand der Skizze und füge am Hals einen Federkragen hinzu.

4.

Zieh die Konturen des Körpers nach, flache das Oval unten ab und versieh es mit Federn. Eine unregelmäßige Linie deutet Federn auf der Brust an.

5.

Auge und Schnabel werden anhand der Hilfslinie positioniert. Das Auge ist eine längliche Tropfenform, der Schnabel ein klumpiges Oval.

6.

Zeichne den rechten Flügel mit einer U-Form und vervollständige ihn mit ein paar Federn.

7.

Ergänze auf dem Oberkopf den Kamm als Herzform.

8.

Jetzt bekommt der Hahn noch seine wunderschönen Schwanzfedern.

NYMPHENSITTICH

1.

Beginne mit einem Halbkreis für den Kopf. Die Hilfslinien zeigen die Blickrichtung des Nymphensittichs.

2.

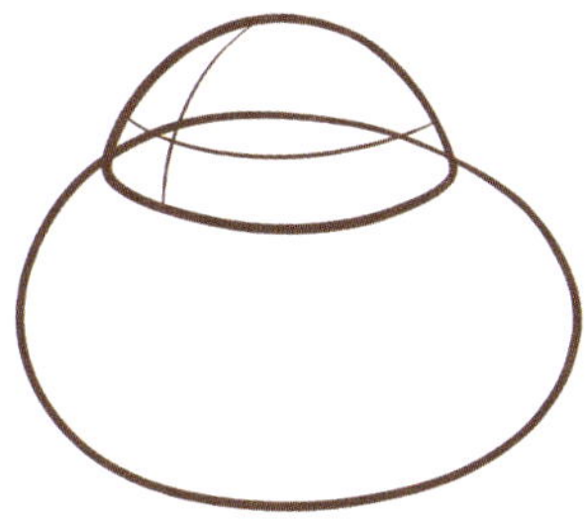

Füge für den Körper ein großes Oval hinzu, das sich teilweise mit dem Kopf überschneidet.

3.

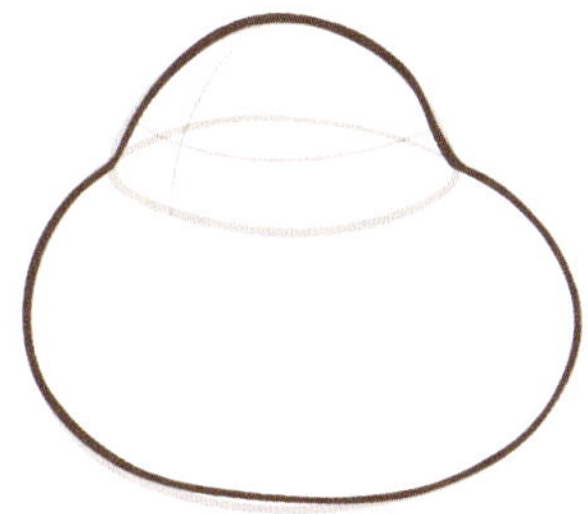

Anhand der Skizze werden jetzt die Konturen von Kopf und Körper nachgezogen.

4.

Zeichne die Füße und gestalte mit ein paar Linien die Krallen.

5.

Deute mit Konturen Federn an Kopf und Körper an.

6.

Ergänze den rechten Flügel und versieh ihn mit Federn.

7.

Positioniere die Augen und den Schnabel. Das vordere Auge ist ein ausgefüllter Bogen, das hintere verschwindet fast vollkommen hinter dem dicken Oval des Schnabels.

8.

Zum Schluss bekommt der kleine Nymphensittich noch seinen Federschopf und die Schwanzfedern.

ENTE

1.

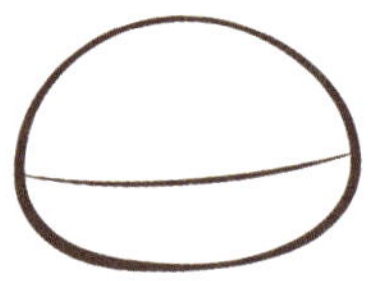

Der Kopf wird als Oval skizziert. Die Hilfslinie gibt die Blickrichtung des Entchens vor.

2.

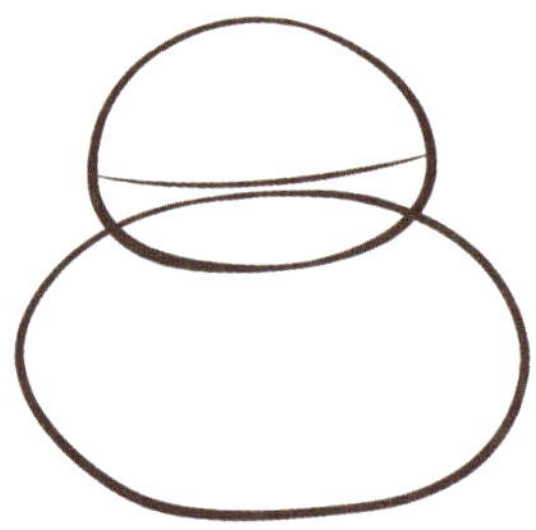

Ergänze für den Körper ein größeres Oval, das sich mit dem Kopf überschneidet.

3.

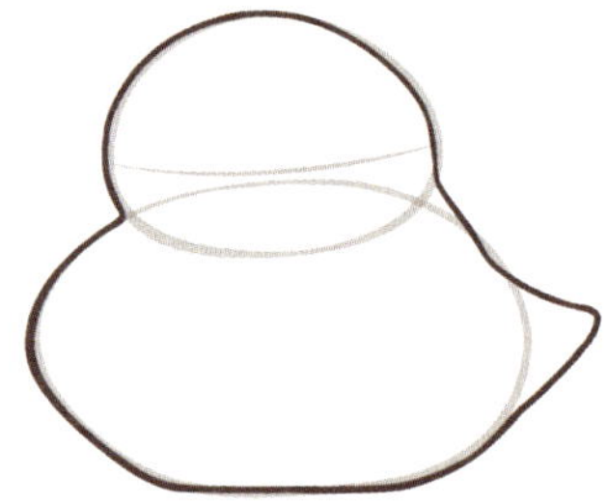

Überarbeite die Form von Kopf und Körper anhand der Skizze und füge rechts am Körper eine Spitze als Schwanz hinzu.

4.

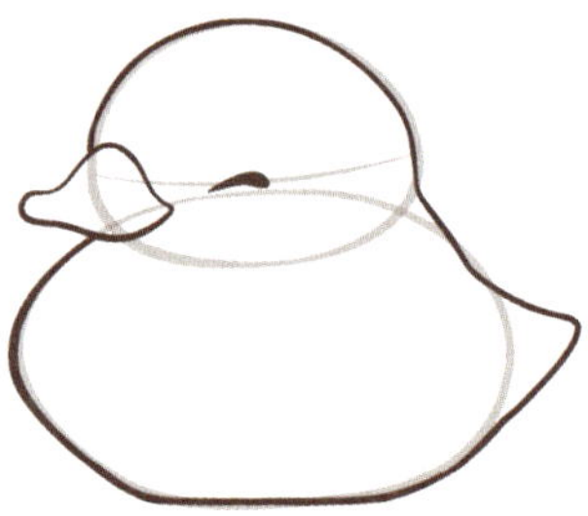

Orientiere dich an der Hilfslinie, wenn du Auge und Schnabel zeichnest. Das Auge ist eine längliche Tropfenform, der Schnabel ein Viereck mit geschwungenen Seiten.

5.

Mit einer großen U-Form wird der Flügel gezeichnet.

6.

Ergänze Federn im Gesicht und im Brustbereich.

7.

Füge die Schwimmfüße hinzu, rechts sieht man die typische Form.

8.

Das Entchen bekommt zum Schluss eine kleine Feder auf dem Kopf.

KIWI

1.

Zeichne ein Oval für den Kopf. Die Hilfslinie gibt an, in welche Richtung der Kiwi guckt.

2.

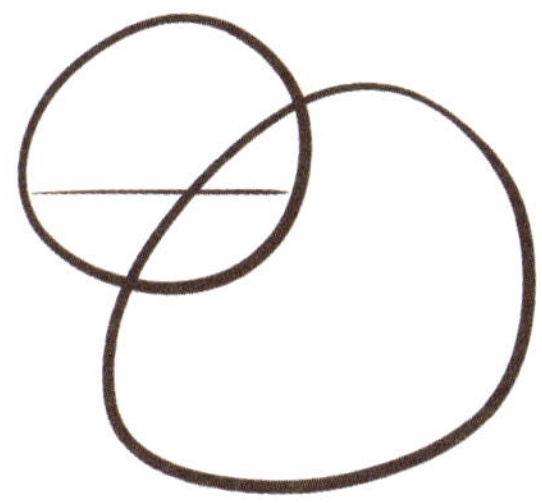

Der Körper ist ein größeres Oval, das sich rechts mit dem Kopf überschneidet.

3.

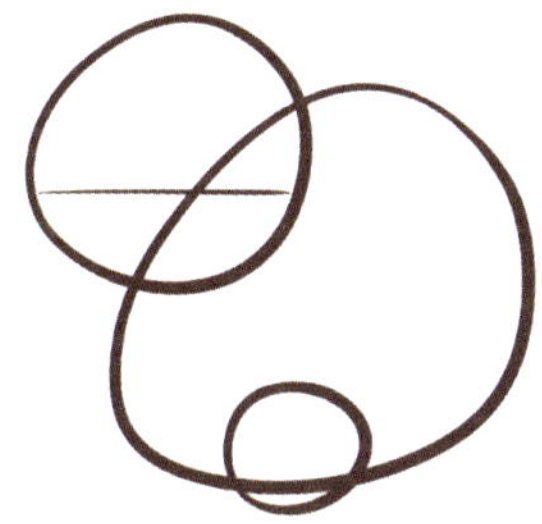

Zeichne innerhalb des Körpers ein kleines Oval für den Schenkel.

4.

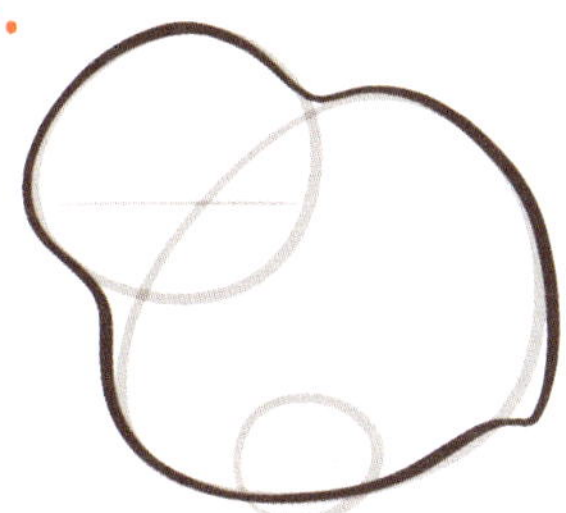

Überarbeite die Form von Kopf und Körper anhand der Skizze und füge rechts am Körper mit einer kleinen Spitze den Schwanz hinzu.

5.

Orientiere dich an der Hilfslinie, wenn du nun das Auge und den Schnabel positionierst. Das Auge ist ein kräftiger kleiner Bogen, der Schnabel ein langgezogenes spitzes Dreieck.

6.

Mit einer U-Form wird der kleine Flügel gezeichnet.

7.

Überarbeite die Kontur des Schenkels und ergänze dann das Bein und den Fuß als Kontur einer kopfstehenden T-Form mit einem kleinen Bogen.

8.

Beende die Zeichnung des Kiwis mit ein paar Federn, die du als längliche Tropfenformen einzeichnest.

STRAUß

1.

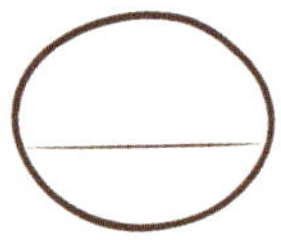

Beginne mit einem kleinen Oval für den Kopf. Die Hilfslinie gibt an, in welche Richtung der Strauß schaut.

2.

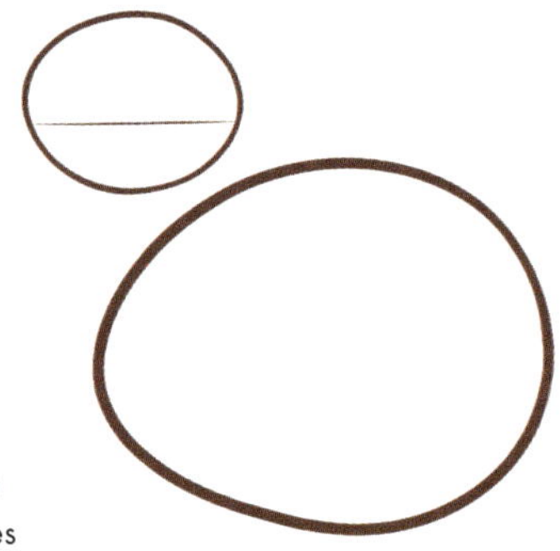

Für den Körper zeichnest du ein deutlich größeres Oval unterhalb des Kopfs.

3.

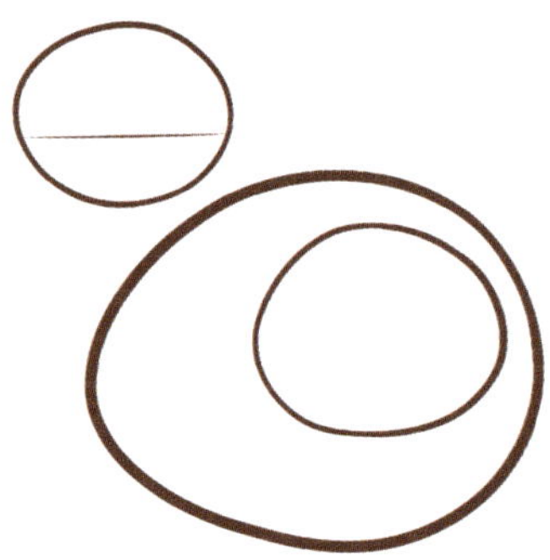

Jetzt wird für den Flügel ein kleineres Oval innerhalb des Körpers ergänzt.

4.

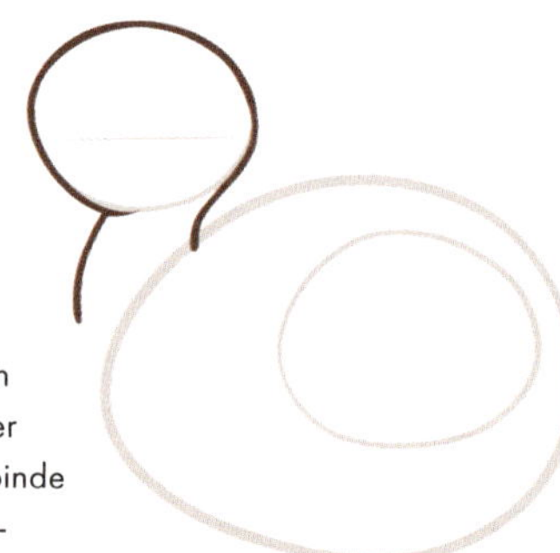

Überarbeite den Kopf anhand der Skizze und verbinde ihn dann mit geschwungenen Linien für den Hals mit dem Körper.

5.

Positioniere Auge und Schnabel anhand der Hilfslinie. Das Auge ist eine längliche Tropfenform, der Schnabel ein abgerundetes Dreieck.

6.

Füge zwischen Hals und Körper einen Federkragen ein.

FUNFACT: Ein Strauß kann, im Zoo gehalten, bis zu sechzig Jahre alt werden. In freier Wildbahn leben sie immerhin dreißig bis vierzig Jahre.

7.

Arbeite die Konturen des Körpers mit Federn und Schwanz aus.

8.

Überarbeite den Flügel so, dass auch er flaumweich wirkt.

9.

Ergänze Beine und Füße mit den Konturen kopfstehender T-Formen.

10.

Als letztes Detail zeichnest du die kleine Feder auf dem Kopf.

EULE

1.

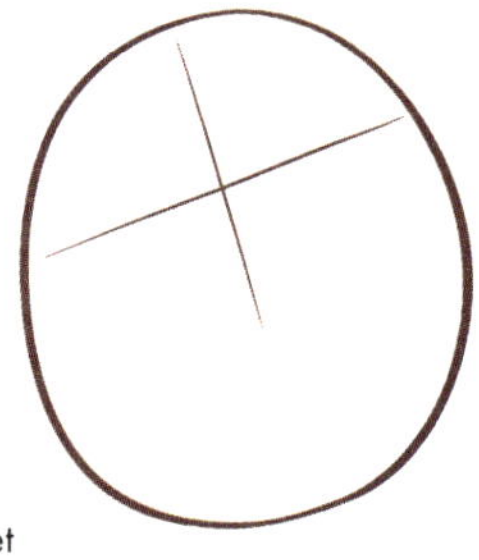

Ein großes Oval bildet Kopf und Körper. Die Hilfslinien markieren die Blickrichtung der Eule.

2.

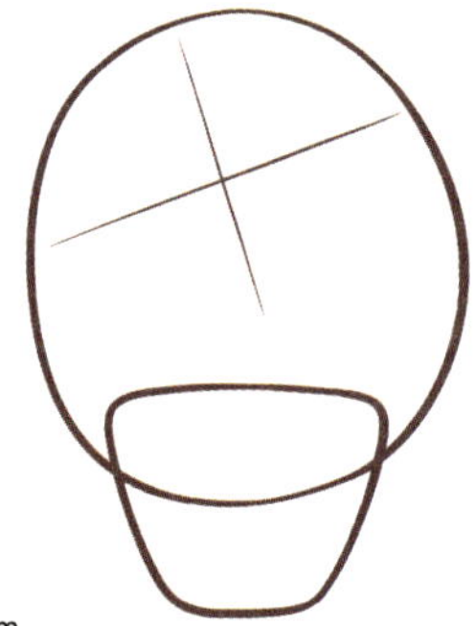

Zeichne für die Schwanzfedern ein kopfstehendes Trapez, das sich zum Teil mit dem Oval überlappt.

3.

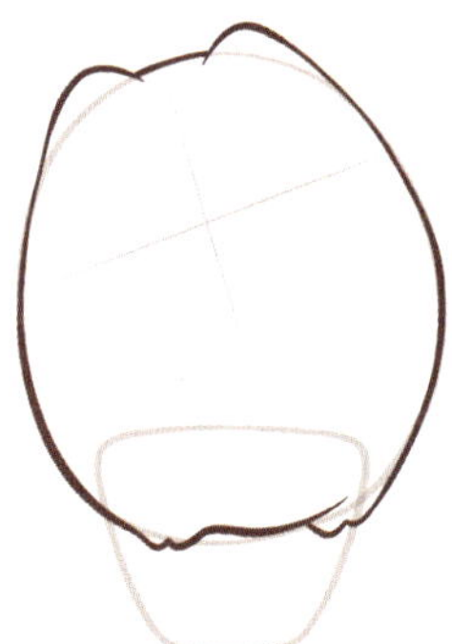

Zieh die Kontur von Kopf und Körper anhand der Skizze nach. Ergänze die „Augenbrauen" am Oberkopf und weiche Federn am Unterbauch.

4.

Positioniere Augen und Schnabel auf den Hilfslinien. Die Augen sind ausgefüllte Bogen, der Schnabel ist ein kleines Oval.

5.

Füge an den Körperseiten die Flügel hinzu. Der linke Flügel besteht aus einer U-Form, der rechte aus einem Bogen.

6.

Ergänze die Füße mit abgerundeten Krallen.

FUNFACT: Wie ist es möglich, dass Eulen ihren Kopf um 270° drehen können, ohne die Blutzufuhr zum Gehirn zu unterbrechen? Sie verfügen über Blutreservoirs und zusätzliche Arterien, mit deren Hilfe die Blutzufuhr sichergestellt wird.

7.

Füge Federn an Kopf und Brust hinzu.

8.

Zeichne hinter den „Augenbrauen" die Federohren als kopfstehende V-Formen.

9.

Arbeite anhand der Skizze die Schwanzfedern weiter aus. Gestalte die Kontur rund gezackt.

10.

Wenn du möchtest, kannst du deine Eule jetzt noch auf einen Ast setzen.

PFAU

1.

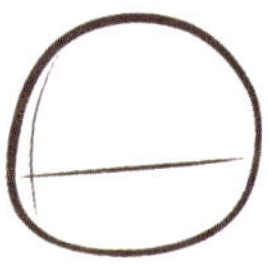

Zeichne ein kleines Oval für den Kopf. Die Hilfslinien zeigen an, in welche Richtung der Pfau schaut.

2.

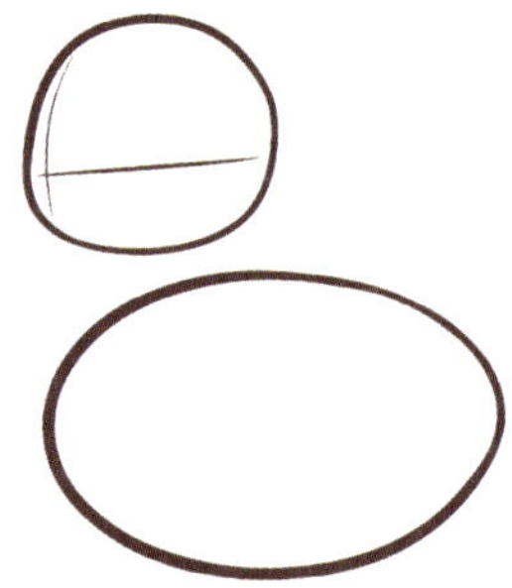

Ein größeres Oval unterhalb des Kopfs ist die Grundform für den Körper.

3.

Orientiere dich an der Skizze und zieh die Konturen von Kopf und Körper nach. Verbinde die Formen mit geschwungenen Linien für den Hals. Deute unten den Schenkel an.

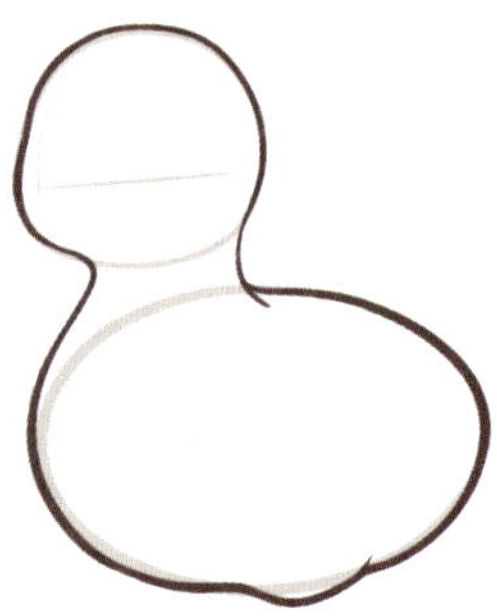

4.

Auge und Schnabel positionierst du anhand der Hilfslinien. Das Auge ist ein schmaler ausgefüllter Bogen, der Schnabel ein dickes Oval mit einer kleinen Spitze am unteren Ende.

5.

Zeichne die Beine und herzförmigen Füße.

6.

Der Flügel wird mit einer U-Form skizziert, ein kleiner Bogen deutet Federn an.

FUNFACT: Pfauenhahn und -henne tragen beide ein Federkrönchen, doch die Schleppe, die bis zu ein Meter lang sein kann, hat nur der Hahn. Und erst im Alter von fünf bis sechs Jahren sind die Schwanzfedern voll ausgewachsen.

7.

Zeichne die erste der prachtvollen Schwanzfedern über dem Flügelansatz.

8.

Füge weitere Schwanzfedern am Rücken und links vom Köper hinzu.

9.

Feine Linien definieren die einzelnen Federn.

10.

Ergänze ein paar kleinere Federn auf dem Rücken.

11.

Mit zwei kleinen Kopffedern deutest du das Krönchen an.

PINGUIN

1.

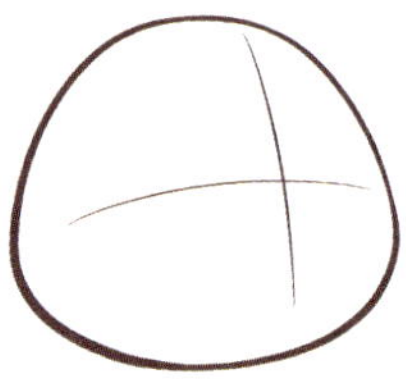

Skizziere eine abgerundete Trapezform für den Kopf. Die Hilfslinien zeigen die Blickrichtung des Pinguins an.

2.

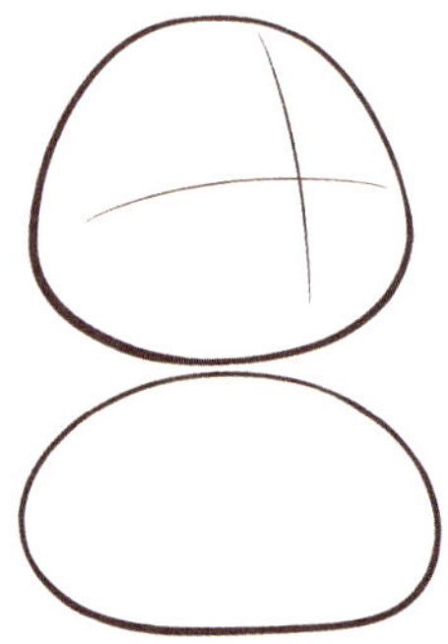

Den Körper bildet ein Oval, das etwas kleiner ist als der Kopf.

3.

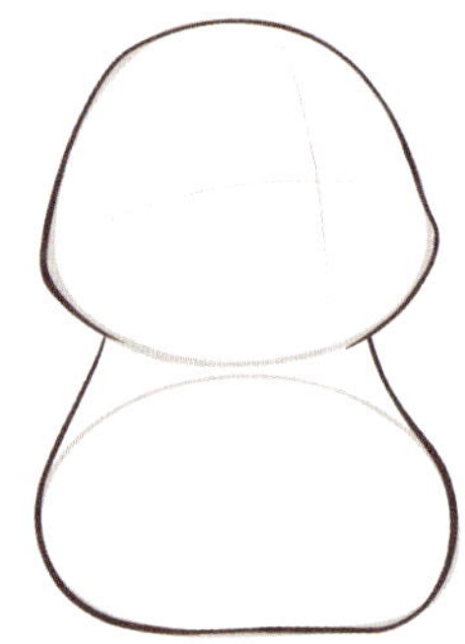

Zieh die Konturen von Kopf und Körper nach und verbinde die Formen mit leicht geschwungenen Linien.

4.

Zeichne die Augen als längliche Tropfenformen und den Schnabel als breites abgerundetes Dreieck.

5.

Die Flügel werden als liegende V-Formen ergänzt.

6.

Füge die Füße mit Schwimmhäuten hinzu.

7.

Deute weichen Federflaum auf der Brust an.

8.

Zum Schluss ergänzt du mit geschwungenen Linien die Konturen im Gesicht des Pinguins.

SCHWAN

1.

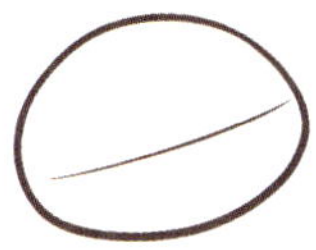

Beginne mit einem kleinen Oval für den Kopf. Die Hilfslinie zeigt, in welche Richtung der Schwan schaut.

2.

Für den Körper zeichnest du ein deutlich größeres Oval unterhalb des Kopfs.

3.

Jetzt wird für den Flügel ein kleineres Oval innerhalb des Körpers ergänzt.

4.

Überarbeite die Kontur von Kopf und Körper und verbinde die beiden Formen mit geschwungenen Linien für den Hals.

5.

Der Schwanz wird mit einer kleinen kopfstehenden U-Form hinzugefügt.

6.

Zeichne Auge und Schnabel. Das Auge ist eine längliche Tropfenform, der Schnabel ein abgerundetes, geschwungenes Dreieck.

7.

Ergänze mit einem Bogen den Höcker am Schnabelansatz und deute ein paar Federn im Gesicht an.

8.

Als Letztes arbeitest du den Flügel des Schwans mit einer Federstruktur aus.

TUKAN

1.

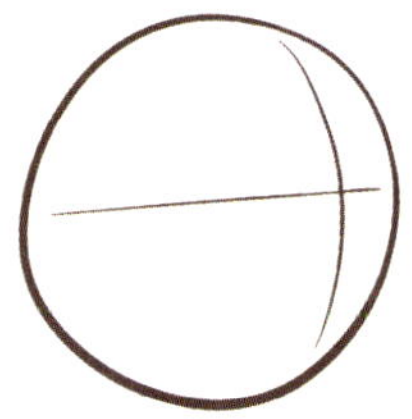

Der Kopf wird als Oval skizziert. Die Hilfslinien geben die Blickrichtung deines Tukans vor.

2.

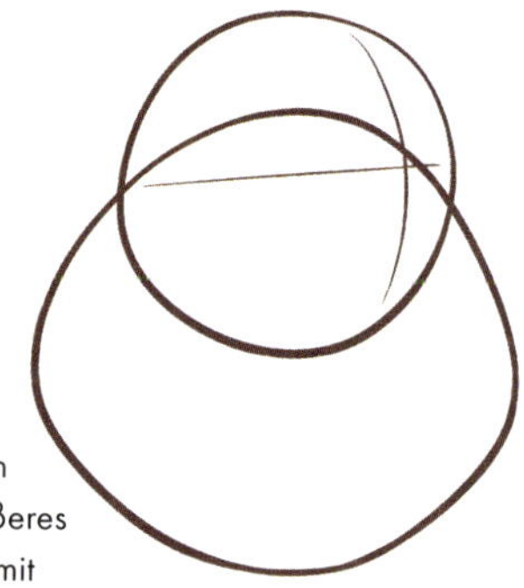

Ergänze für den Körper ein größeres Oval, das sich mit der unteren Hälfte des Kopfs überschneidet.

3.

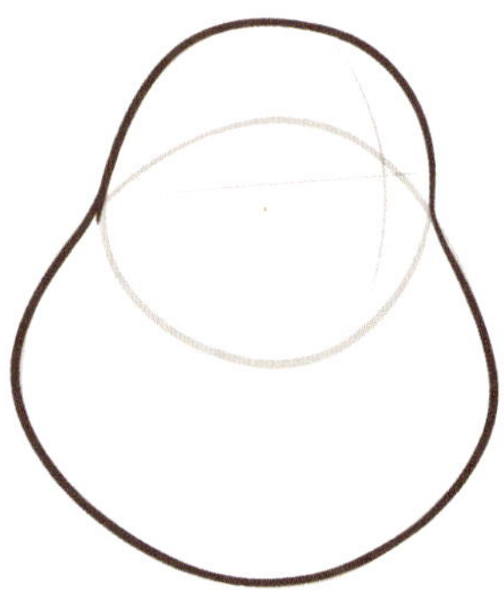

Überarbeite die Kontur von Kopf und Körper anhand der Skizze.

4.

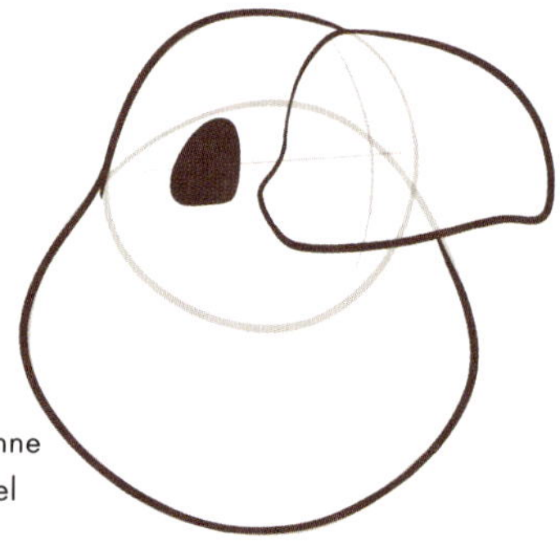

Orientiere dich beim Zeichnen von Auge und Schnabel an den Hilfslinien. Leg das Auge als ausgefüllten Bogen an. Zeichne für den Schnabel eine große abgerundete, leicht geschwungene Dreiecksform.

5.

Mit feinen Bogen werden die Konturen der charakteristischen Zeichnung bei Kopf, Schnabel und Brust ergänzt.

6.

Mit einem großen U-Bogen auf dem Körper gestaltest du die Flügel.

FUNFACT: Im Verhältnis zu seiner Körpergröße hat der Tukan von allen Vögeln den größten Schnabel. Zum Glück ist dieser Riesenschnabel nicht so schwer, wie er aussieht, denn er besteht wie unsere Haare und Nägel aus Keratin.

7.

Füge die Füße unten am Körper hinzu.

8.

Zeichne einen Ast für deinen Tukan, auf dem er sitzt.

9.

Jetzt fehlt nur noch der Schwanz; mit ein paar Strichen erhalten die Schwanzfedern Textur.

AMPHIBIEN, FISCHE, REPTILIEN & MEHR

ALLIGATOR

1.

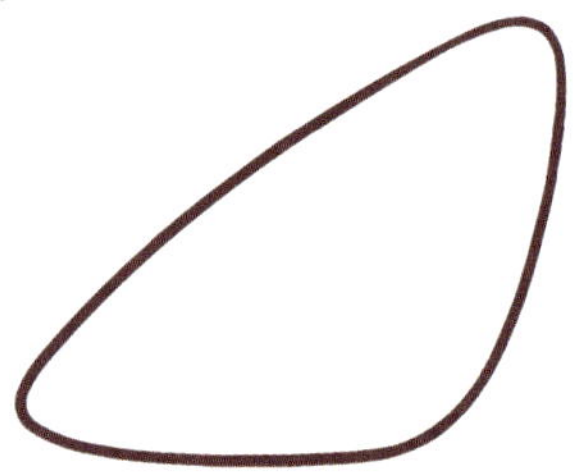

Skizziere ein großes schräg stehendes Dreieck mit abgerundeten Spitzen für Körper und Kopf.

2.

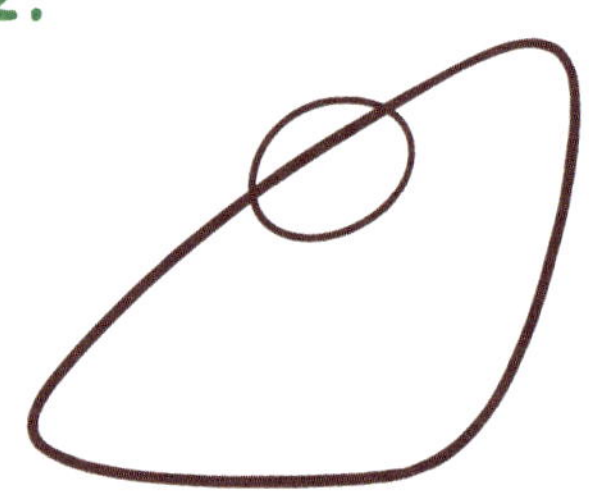

Etwas oberhalb der Mitte des Rückens ergänzt du ein kleines Oval, das sich mit der ersten Form zum Teil überlappt.

3.

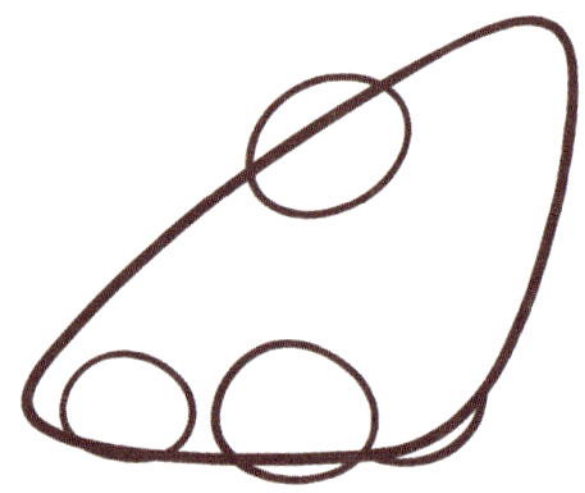

Zeichne zwei kleine Ovale an der Körperunterseite als Beine. Mit einem Bogen wird ein drittes Bein skizziert, das weitgehend vom Körper verdeckt ist.

4.

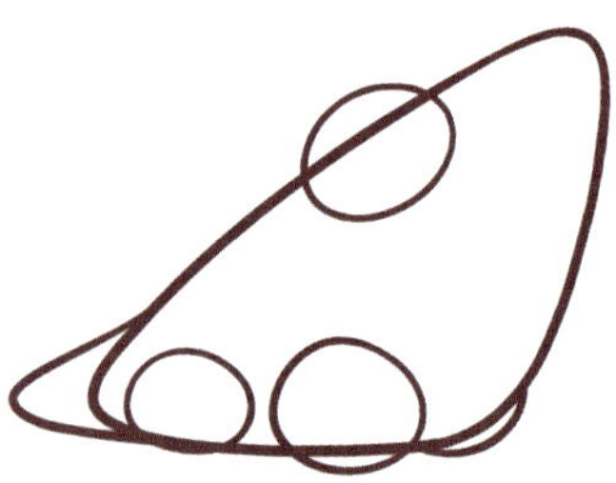

Mit einer liegenden V-Form kommt unten links der Schwanz hinzu.

5.

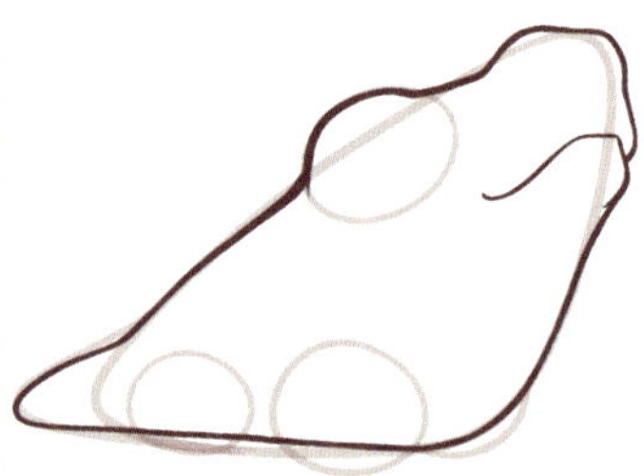

Orientiere dich an der Skizze und ziehe die Kontur von Kopf, Körper und Schwanz nach. Arbeite die Schnauze aus und ergänze den Mund mit einem Bogen.

6.

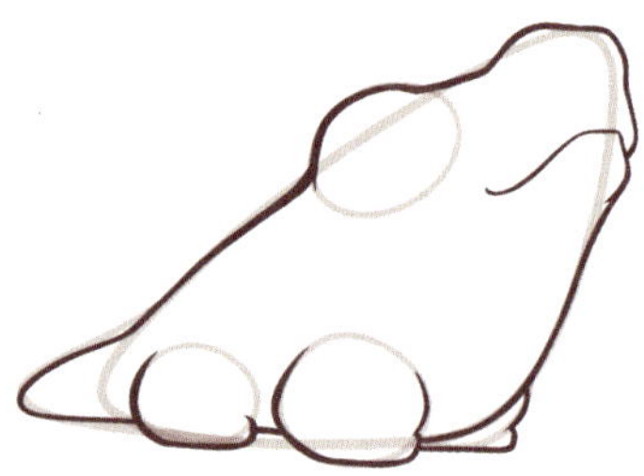

Überarbeite die Beine. Sie werden unten abgeflacht und oben mit Bogen geformt.

7.

Ergänze das Auge mit einer länglichen Tropfenform, die Nüstern mit kleineren Tropfenformen.

8.

Nun bekommt dein Alligator mit vier kopfstehenden V-Formen noch die charakteristischen Hornplatten auf dem Rücken. Der Bauch wirkt mit den Bogen plastisch und erhält Textur.

AXOLOTL

1.

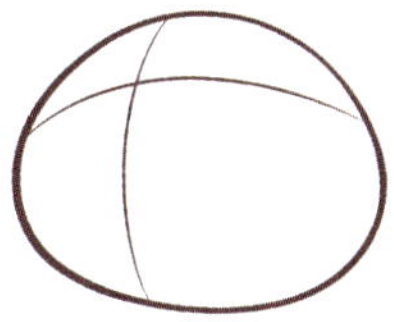

Beginne mit einem Oval für den Kopf, mit Hilfslinien, die die Blickrichtung des Axolotls vorgeben.

2.

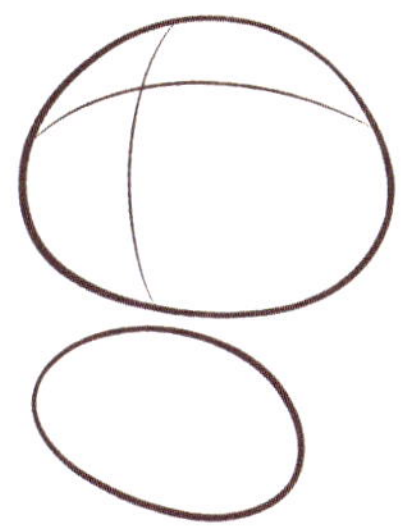

Mit einem kleineren Oval unterhalb des Kopfs wird der Körper skizziert.

3.

Für das Hinterbein zeichnest du rechts unten ein noch kleineres Oval in den Körper hinein.

4.

Zieh die Konturen von Kopf und Körper anhand der Skizze nach. Das Tierchen sollte jetzt wie ein Pilz aussehen.

5.

Arbeite das rechte Hinterbein weiter aus und zeichne ein Oval mit einem kleinen Bogen im Inneren für das zweite Hinterbein.

6.

Orientiere dich an den Hilfslinien, wenn du die Augen und den Mund platzierst. Die Augen bestehen aus Bogen, die du flächig ausmalst. Der Mund ist eine Wellenlinie.

7.

Ergänze einen dicken Schwanz mit einer spitzen geschwungenen Dreiecksform im Inneren. Die Ärmchen zeichnest du als U-Formen.

8.

Zum Schluss zeichnest du deinem Axolotl noch die typischen drei Kiemenäste an den Seiten des Kopfs.

BIENE

1.

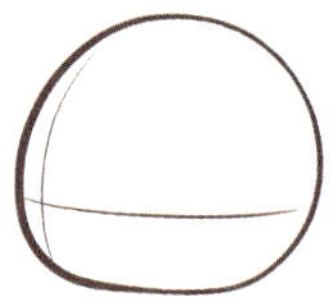

Ein Oval bildet die Grundform des Kopfs. Die Hilfslinien zeigen, in welche Richtung das Bienchen schaut.

2.

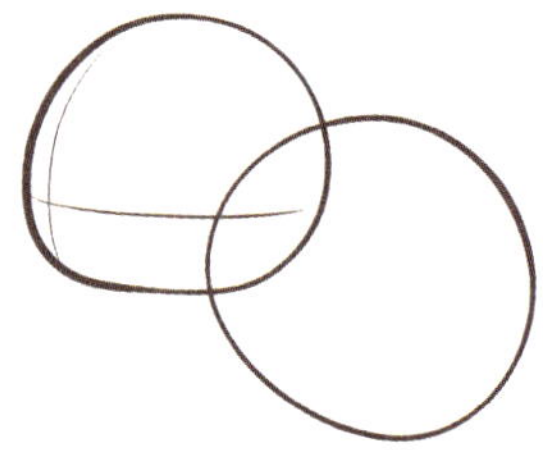

Zeichne ein zweites größeres Oval, das sich mit der rechten Unterseite des Kopfs überschneidet.

3.

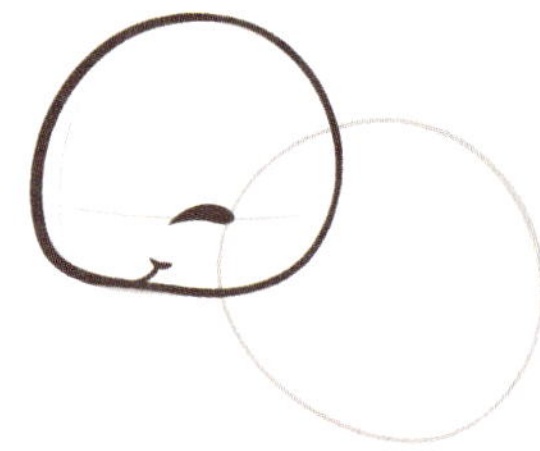

Zieh die Form des Kopfs nach, orientiere dich dabei an der Skizze. Positioniere das Auge und den Mund anhand der Hilfslinien. Das Auge ist eine längliche Tropfenform, der Mund ist ein kurzer Bogen.

4.

Ergänze unter dem Kopf einen kleinen Pelzkragen. Am Oberkopf zeichnest du für die beiden Fühler jeweils die Konturen eines L, das auf dem Kopf steht.

5.

Zieh die Kontur des Körpers anhand der Skizze nach und füge unten eine abgerundete Spitze hinzu.

6.

Mit zwei Bogen wird der Körper in Segmente aufgeteilt.

7.

Zeichne zwei Ärmchen auf die gleiche Weise wie die Fühler in Schritt 4.

8.

Als Letztes bekommt die Biene noch Flügel, die wie Blütenblätter aussehen.

CHAMÄLEON

1.

Beginne mit einem abgerundeten Dreieck als Kopf. Die Hilfslinie gibt die Blickrichtung des Chamäleons vor.

2.

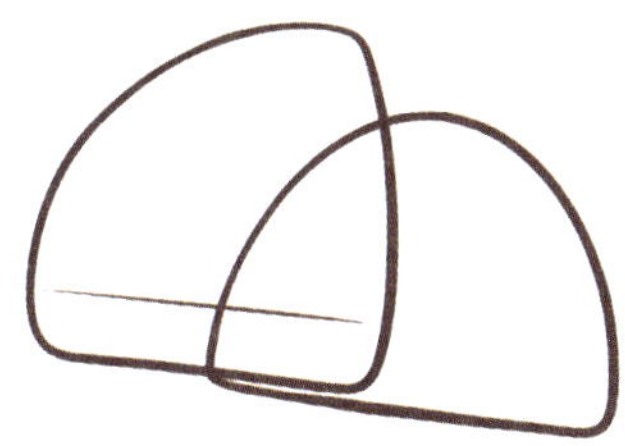

Ein Halboval, das sich mit der rechten Seite des Kopfs überlappt, bildet die Grundform für den Körper.

3.

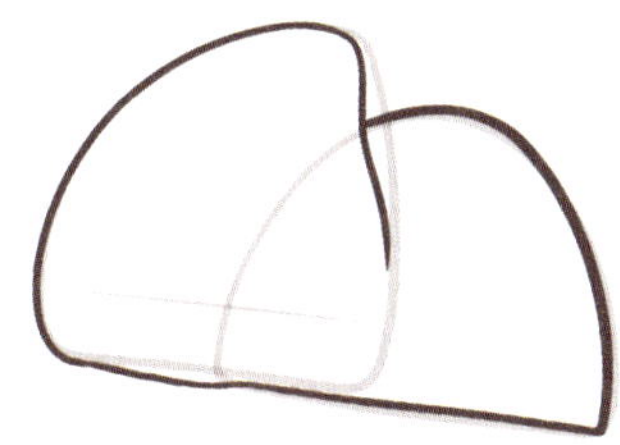

Orientiere dich an der Skizze, wenn du jetzt die Konturen von Kopf und Körper nachziehst.

4.

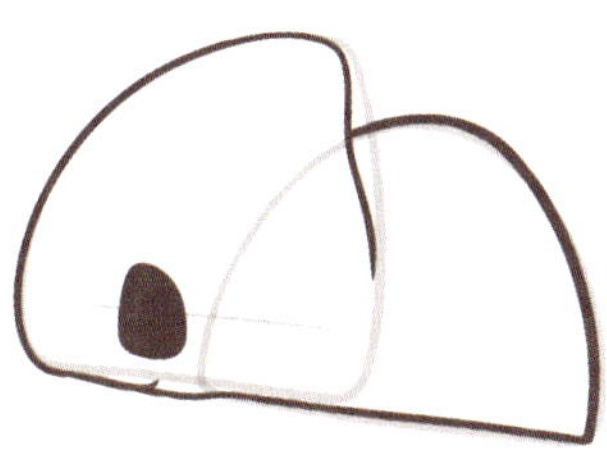

Positioniere Auge und Mund anhand der Hilfslinie für das Gesicht. Das Auge zeichnest du als ausgefüllten Bogen, den Mund als winzigen Bogen.

5.

Mit U-Formen werden zwei kurze Beinchen ergänzt.

6.

Zeichne als Schwanz eine Spirale unterhalb des Körpers und verbinde sie mit der Rückenlinie.

7.

Füge sieben kopfstehende V-Formen entlang des Rückens hinzu, die zum Schwanz hin immer kleiner werden.

8.

Zum Schluss zeichnest du noch einen Ast für dein Chamäleon.

KRABBE

1.

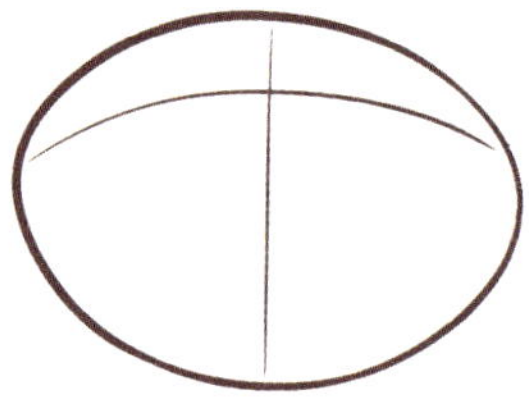

Ein breites Oval ist die Grundform für Kopf und Körper, mit Hilfslinien für die Blickrichtung der Krabbe.

2.

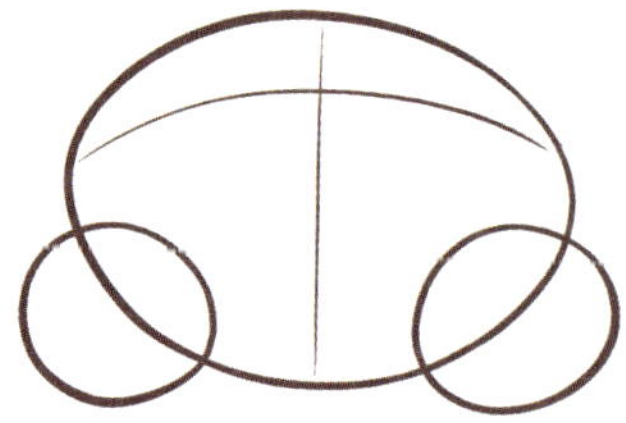

Mit zwei kleinen Kreisen, die sich zum Teil mit der Grundform überschneiden, werden die Scheren der Krabbe skizziert.

3.

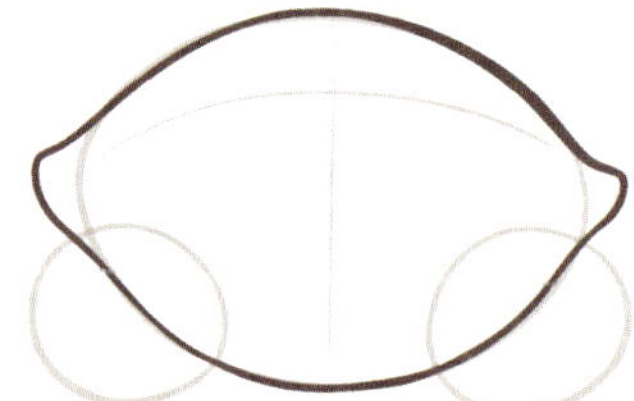

Orientiere dich an der Skizze und zieh die Kontur von Kopf und Körper nach. Ergänze zwei kleine Zipfel rechts und links: Die Grundform sollte jetzt wie eine Zitrone aussehen.

4.

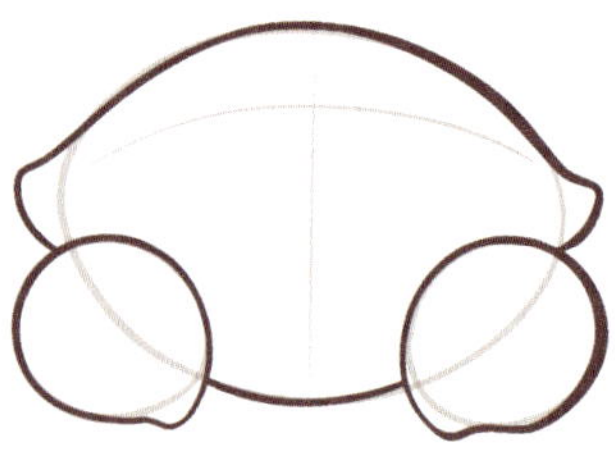

Überarbeite die Scheren, sie bekommen unten je eine kleine abgerundete Spitze.

5.

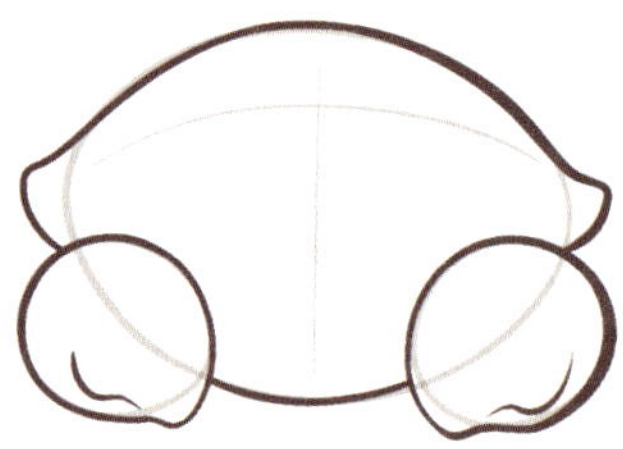

Mit je einer Wellenlinie wird die Form der Scheren gestaltet.

6.

Positioniere Augen und Mund anhand der Hilfslinien. Die Augen sind längliche Tropfenformen, der Mund ist ein Dreieck mit einem Bogen für die Zunge.

7.

Ergänze rechts und links noch drei Beine und deine Krabbe ist fertig.

FROSCH

1.

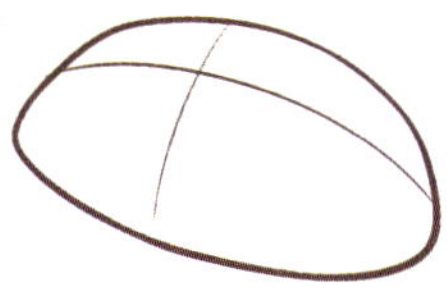

Zeichne eine flache abgerundete Trapezform für den Kopf, mit Hilfslinien, die die Blickrichtung des Froschs vorgeben.

2.

Ergänze für den Körper ein großes Oval, das sich fast vollständig mit dem Kopf überlappt, und skizziere mit zwei kleineren Ovalen an der Unterseite des Körpers die Hinterbeine.

3.

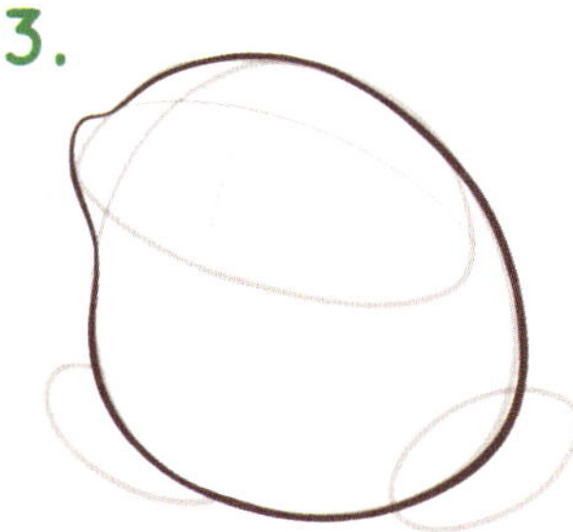

Zieh die Konturen von Kopf und Körper anhand der Skizze nach und füge auf der linken Kopfseite eine Wange hinzu.

4.

Zeichne die Konturen der Augen als Bogen; bei der Positionierung orientierst du dich an den Hilfslinien.

5.

Ergänze die Pupillen mit länglichen Tropfenformen und zeichne den Mund mit einer langen geschwungenen Linie.

6.

Die Hinterbeine werden nun anhand der Skizze ausgearbeitet.

7.

Zeichne die Vorderbeine als U-Formen.

8.

Jetzt braucht der Frosch nur noch die mit Schwimmhäuten versehenen Hinterfüße und deine Zeichnung ist fertig.

QUALLE

1.

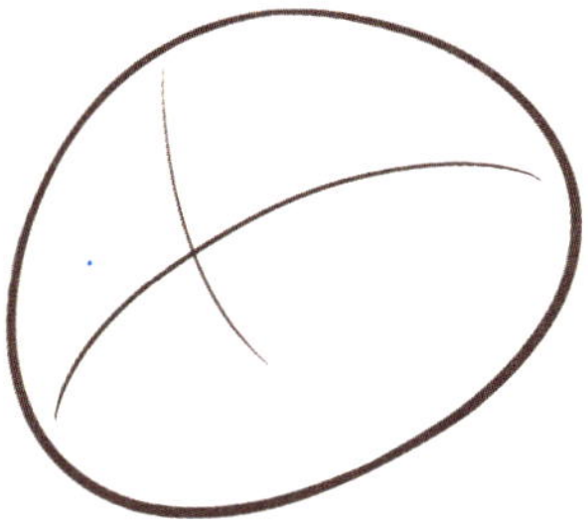

Beginne mit einer abgerundeten Trapezform für Kopf und Körper, mit Hilfslinien für die Blickrichtung der Qualle.

2.

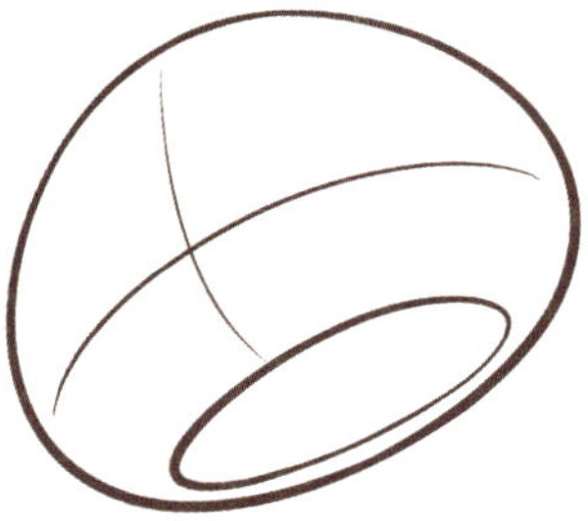

Ergänze ein flaches Oval an der Unterseite der abgerundeten Trapezform. Hier werden die Tentakel herausragen.

3.

Zeichne die Tentakel als Bogen, die an der vorderen Umrisslinie des flachen Ovals beginnen.

4.

Versieh die Tentakel mit kleinen Bogen an den Enden, die wie Haken aussehen.

5.

Anhand der Skizze wird die Kontur von Kopf und Körper nachgezogen.

6.

Überarbeite das Oval an der Unterseite der Grundform, indem du die vordere Seite nachziehst: Es entsteht ein Halboval.

FUNFACT: Quallen sind in allen Weltmeeren zu Hause. Durch die Erwärmung der Ozeane nehmen die Bestände rasant zu.

7.

Positioniere Augen und Mund. Das linke Auge ist ein ausgefüllter Bogen, das rechte eine längliche Tropfenform. Der Mund besteht aus einer Wellenlinie mit einer kleinen Schlaufe für die Zunge.

8.

Jetzt werden die Tentakel ausgearbeitet. Orientiere dich an den Linien der Skizze und beginne auf der linken Seite.

9.

Vervollständige den nächsten Tentakel und verbinde ihn mit dem ersten.

10.

Zeichne den dritten Tentakel der Qualle auf dieselbe Weise.

11.

Wenn du den vierten Tentakel ausgearbeitet hast, ist deine Qualle fertig.

MANTAROCHEN

1.

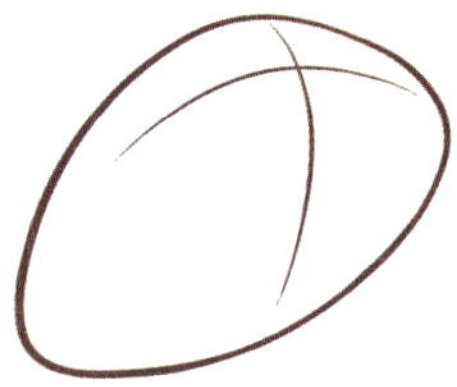

Zeichne ein schmales Oval für Kopf und Körper. Die Hilfslinien geben die Blickrichtung des Mantarochens vor.

2.

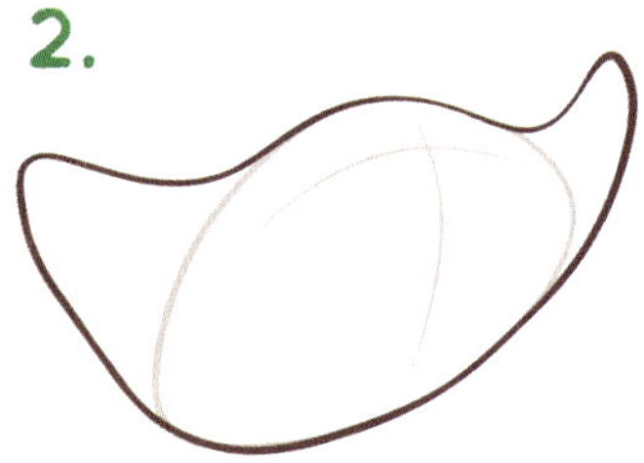

Zieh die Konturen der Grundform anhand der Skizze nach und zeichne Flügel auf beiden Seiten.

3.

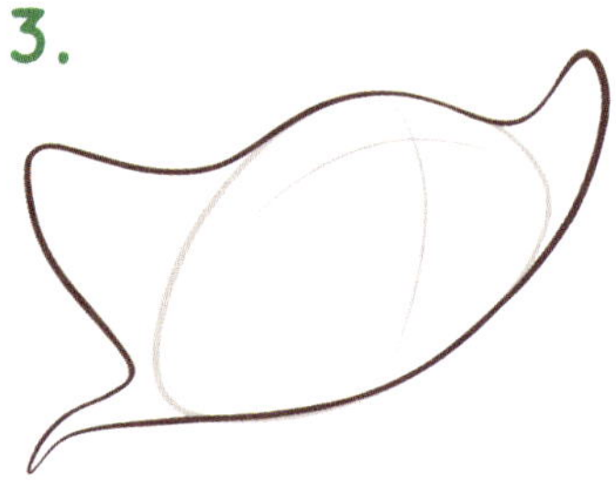

Ergänze den charakteristischen Schwanz.

4.

Du orientierst dich an den Hilfslinien und platzierst Augen und Mund. Die Augen sind ausgefüllte Bogen, der Mund besteht aus einer Wellenlinie.

5.

Füge mit einem kleinen Bogen die Falte oberhalb des Schwanzes hinzu.

6.

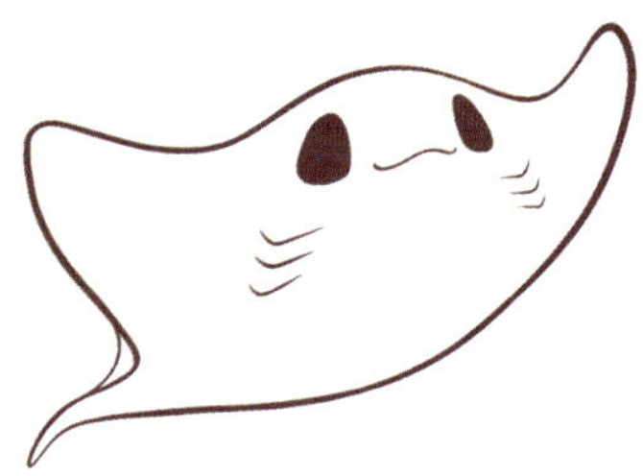

Zum Schluss bekommt dein Mantarochen mit je drei breiten V-Formen auf jeder Seite noch seine typischen Kiementaschen.

KRAKE

1.

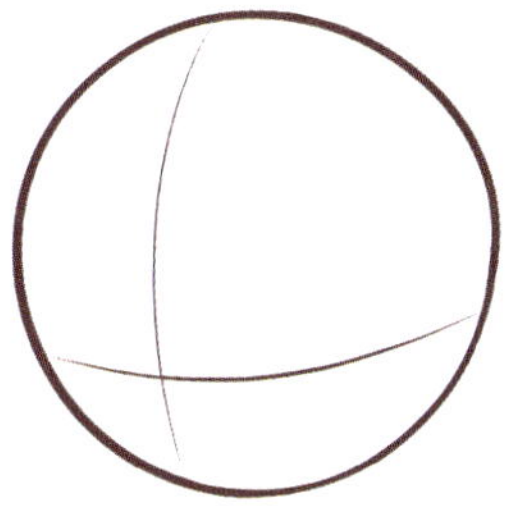

Zeichne einen großen Kreis für den Kopf, mit Hilfslinien, die zeigen, in welche Richtung der Krake schaut.

2.

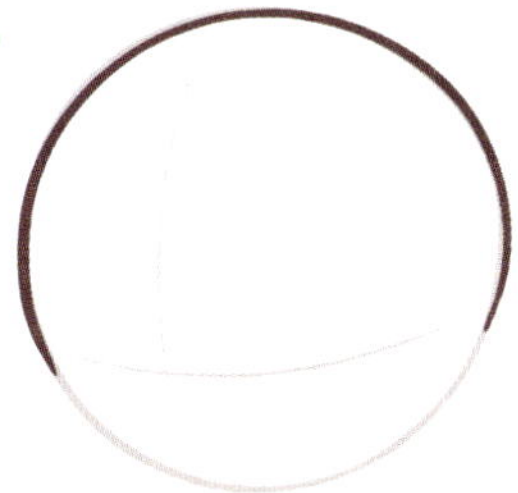

Zieh die obere Hälfte der Kreiskontur etwa bis zur Augenlinie nach.

3.

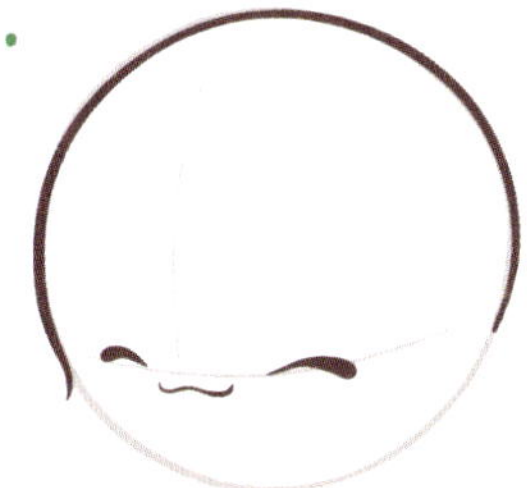

Anschließend positionierst du Augen und Mund anhand der Hilfslinien. Die Augen sind längliche Tropfenformen, der Mund ist eine Wellenlinie.

4.

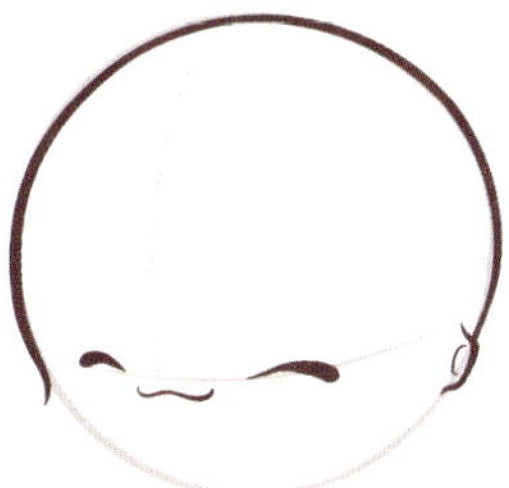

Zeichne das Trichterorgan auf der rechten Seites des Kopfs, es sollte in etwa aussehen wie ein Ohr.

5.

Mit geschwungenen V-Formen werden zwei vordere Arme unterhalb der Kopfmitte ergänzt.

6.

Füge drei weitere Arme hinter den ersten beiden hinzu. Diese Arme werden aufgrund der perspektivischen Verkürzung nach hinten hin kleiner.

7.

Zeichne ganz hinten zwei weitere kleine Arme.

8.

Zieh parallel zur unteren Kontur der Arme deines Kraken je eine feine Linie.

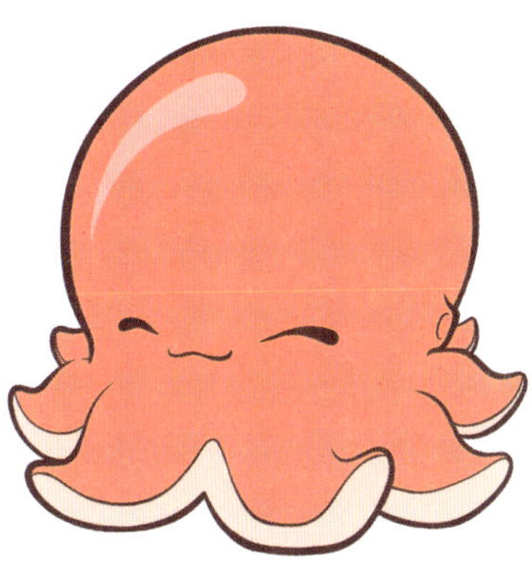

SEEPFERDCHEN

1.

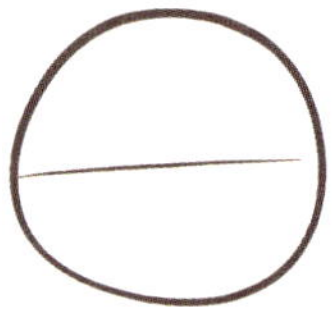

Beginne mit einem Kreis als Kopf. Die Hilfslinie zeigt, wohin das Seepferchen später guckt.

2.

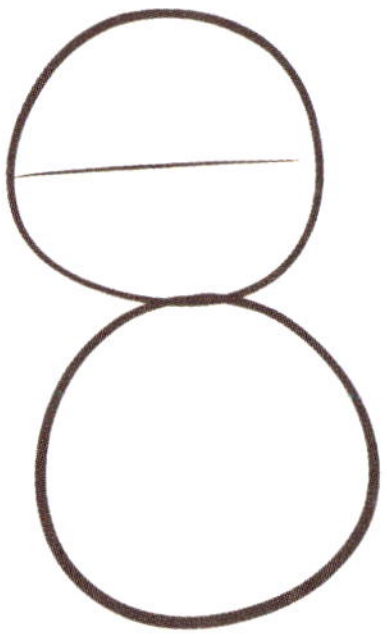

Für den Körper ergänzt du einen etwas größeren Kreis unter dem Kopf.

3.

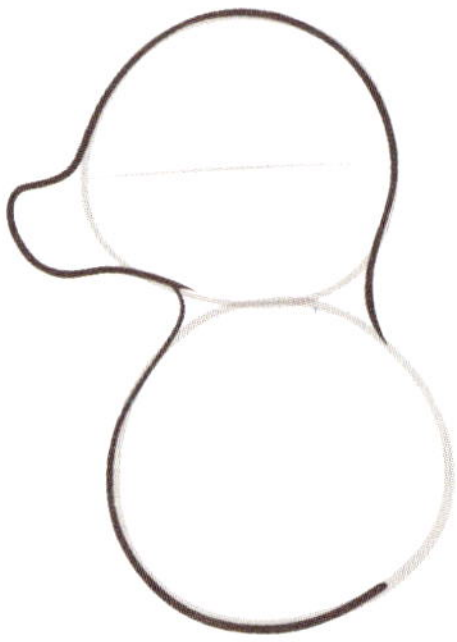

Zieh die Kontur des Kopfs und der linken Körperseite nach. Füge die charakteristische Seepferdchenschnauze hinzu.

4.

Zeichne den Greifschwanz wie ein Schneckenhaus rechts am hinteren Teil des Körpers.

5.

Das Auge wird als schmaler ausgefüllter Bogen auf der Hilfslinie positioniert.

6.

Zeichne eine geschwungene Linie, die den Brustbereich markiert, und unterteile die Brust mit vier Bogen.

7.

Ergänze die drei Flossen als liegende V-Formen in unterschiedlichen Größen. Kleine Bogen auf den Flossen verleihen ihnen Textur.

8.

Zum Schluss gestaltest du für dein Seepferdchen noch einen Stachelkamm.

HAI

1.

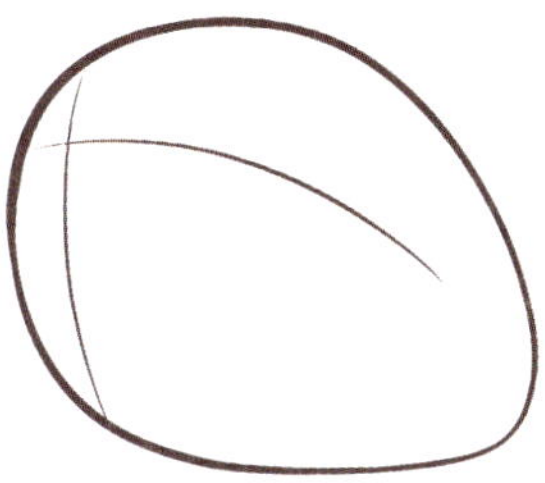

Für Kopf und Körper zeichnest du ein großes Oval, das nach rechts unten spitz zuläuft. Die Hilfslinien geben die Blickrichtung des Hais vor.

2.

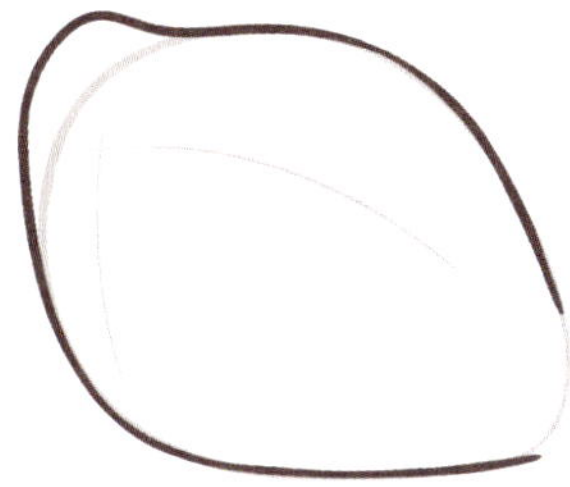

Zieh die Kontur des Ovals anhand der Skizze nach und ergänze links oben am Kopf die Schnauze.

3.

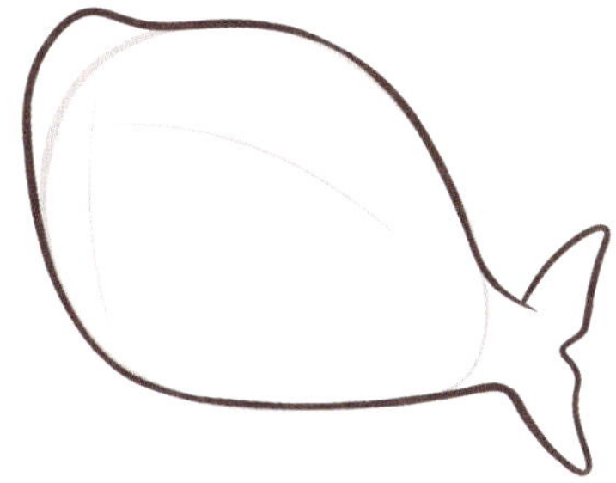

Für die Schwanzflosse zeichnest du rechts einen Halbkreis mit einer U-förmigen Kerbe.

4.

Positioniere Auge und Mund. Das Auge ist eine längliche Tropfenform, der Mund ein Dreieck mit einem Bogen für die Zunge und einer winzigen V-Form als Zahn.

5.

Mit V-Formen werden die markante Rückenflosse und zwei kleinere Flossen in Schwanznähe gezeichnet.

6.

Ergänze die Brustflossen an beiden Seiten des Körpers ebenfalls mit V-Formen.

7.

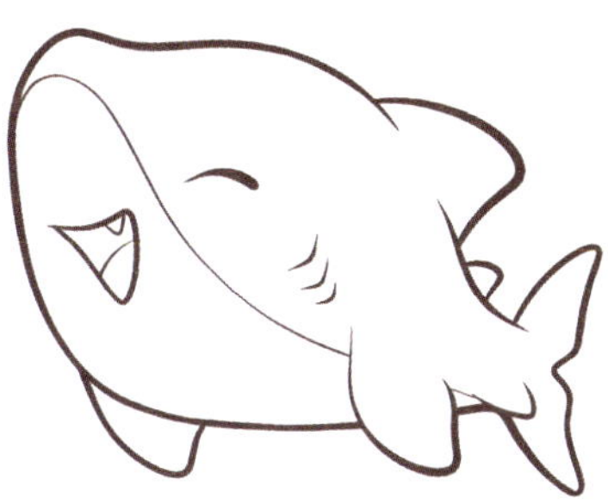

Drei kleine breite V deuten die Kiemenspalten an. Mit einem zarten Bogen wird der Bauchbereich des Hais markiert.

SCHNECKE

1.

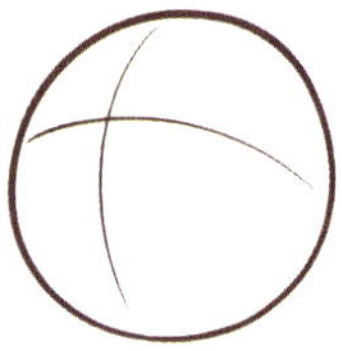

Ein Kreis bildet die Grundform für den Kopf. Die Hilfslinien zeigen, in welche Richtung die Schnecke guckt.

2.

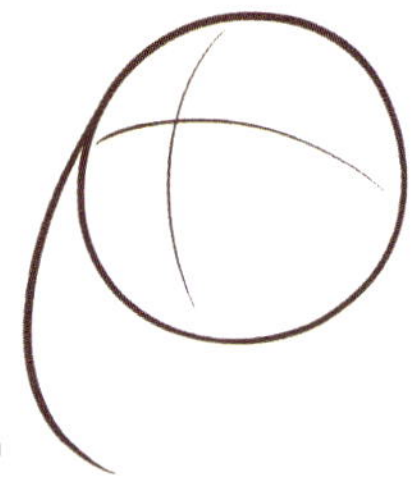

Aus einem Bogen auf der linken Seite entwickelt sich der Körper.

3.

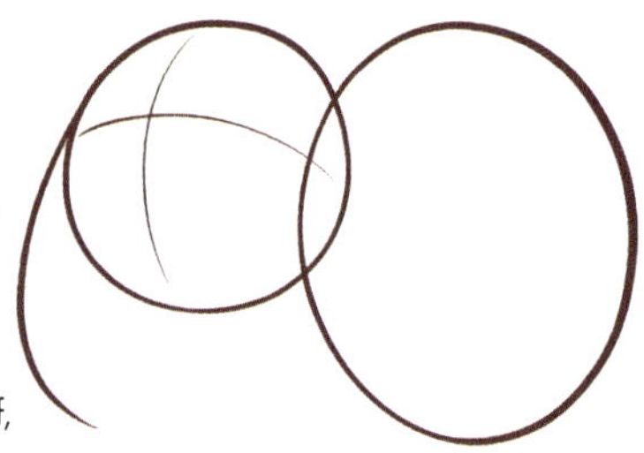

Zeichne für das Schneckenhaus ein großes Oval rechts vom Kopf, das sich leicht mit dem Kopf überschneidet.

4.

Arbeite die Konturen von Kopf und Körper anhand der Skizze weiter aus.

5.

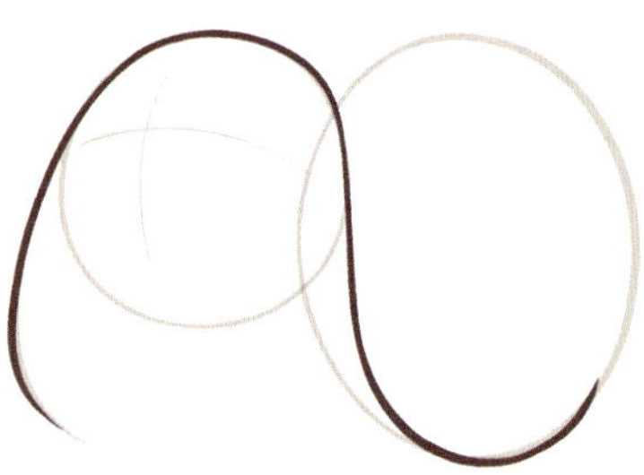

Ergänze einen Bogen, der den Körper mit der Unterseite des Schneckenhauses verbindet.

6.

Positioniere die Augen und den Mund. Die Augen sind längliche Tropfenformen, der Mund ist eine V-Form mit einem kleinen Bogen im Inneren für die Zunge.

FUNFACT: Schnecken kommen sowohl an Land als auch im Meer vor. Sie können sich an fast jeden Lebensraum anpassen. Alle Schnecken, ob mit oder ohne Haus, sind Mollusken, wie Venusmuscheln und Austern.

7.

Auf dem Oberkopf werden zwei Fühler hinzugefügt.

8.

Zieh die Kontur des Schneckenhauses nach.

9.

Zeichne den Fuß der Schnecke mit einer Wellenlinie, sodass sie in Bewegung zu sein scheint. Ergänze das Fußende hinter dem Schneckenhaus.

10.

Durch eine weitere Wellenlinie wirkt der Fuß plastisch.

11.

Nun wird noch das Schneckenhaus mit einer Spirale ausgearbeitet. Ein paar Bogen verleihen ihm Textur und deine Schnecke ist fertig.

SCHLANGE

1.

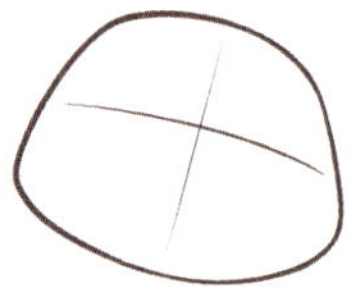

Zeichne für den Kopf eine abgerundete Trapezform, die leicht nach rechts geneigt ist. Die Hilfslinien geben die Blickrichtung der Schlange vor.

2.

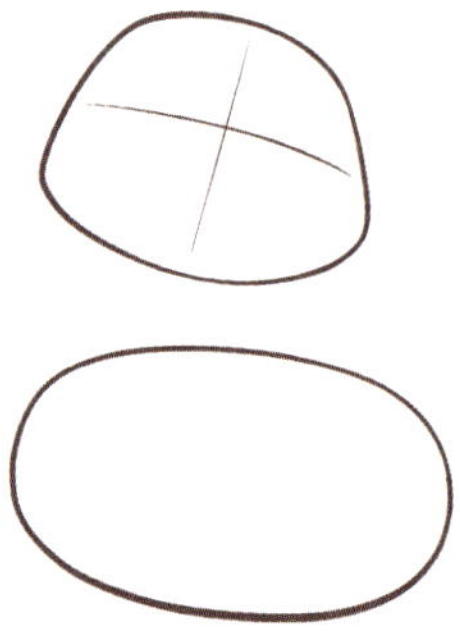

Für den Körper wird ein Oval skizziert, das größer ist als der Kopf.

3.

Verbinde die Formen aus Schritt 1 und 2 mit geschwungenen Linien, wobei der rechte Bogen weit in den Körper hineinreicht.

4.

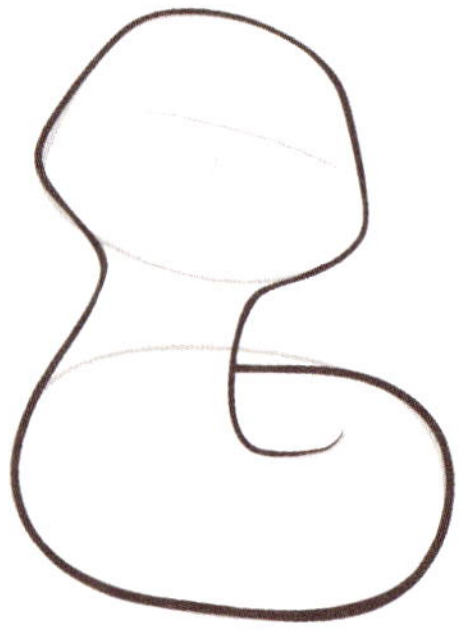

Orientiere dich an der Skizze und zieh die Konturen von Kopf und Körper nach.

5.

Ergänze den Schwanz neben der linken Körperseite, er ähnelt einer Flosse.

6.

Positioniere Augen und Mund anhand der Hilfslinien. Die Augen sind ausgefüllte Bogen, der Mund ist eine breite Wellenlinie.

7.

Mit zwei kleinen Bogen neben dem Mund entsteht die Kontur der Zeichnung des Schlangenkopfs.

8.

Vier Bogen teilen die Körperunterseite deiner Schlange in einzelne Segmente.

MEERESSCHILDKRÖTE

1.

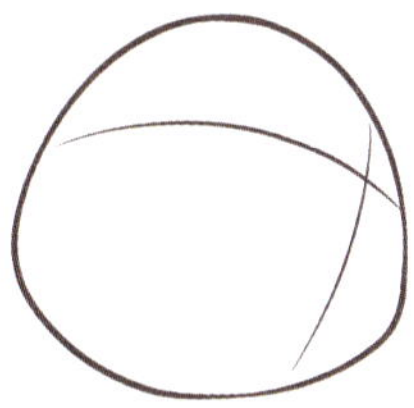

Du beginnst mit einem abgerundeten Trapez für den Kopf. Die Hilfslinien geben die Blickrichtung der Meeresschildkröte vor.

2.

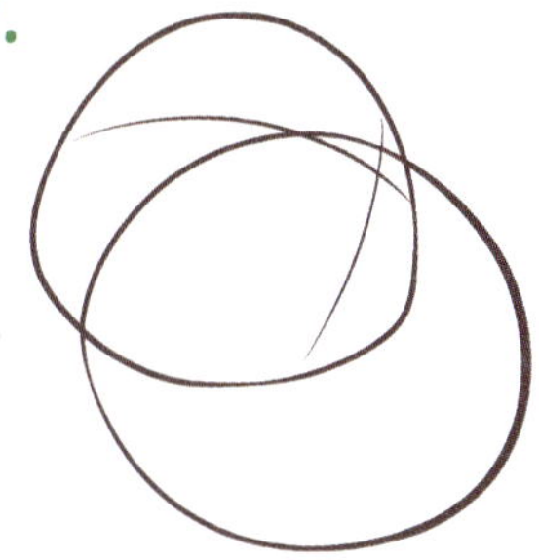

Für Körper und Panzer fügst du ein Oval hinzu, das sich mit der unteren Hälfte des Kopfs überschneidet.

3.

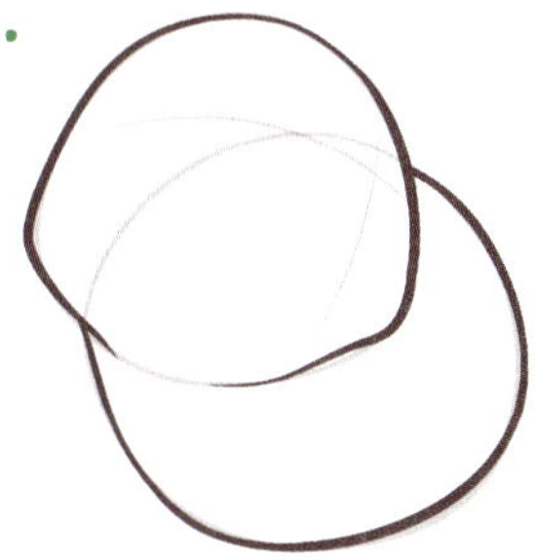

Anhand der Skizze werden die Konturen vom Kopf und von Körper und Panzer nachgezogen.

4.

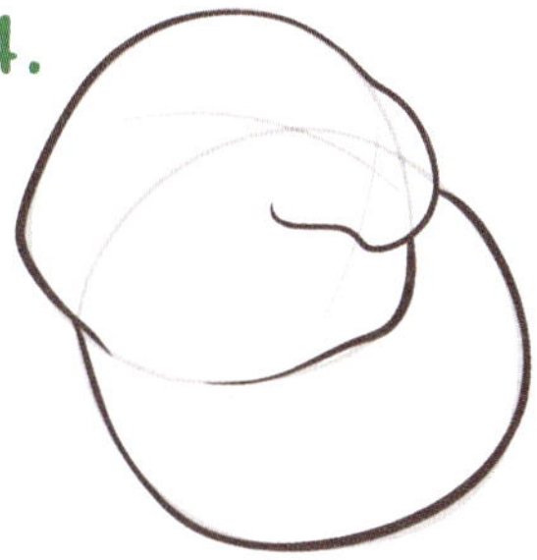

Zeichne die Schnauze mit einem Bogen, der über die Umrisse des Kopfs hinausragt. Der Bogen schließt unten mit einer Wellenlinie für die Oberseite des Munds ab.

5.

Orientiere dich an den Hilfslinien und zeichne ein bogenförmiges Auge und zwei winzige Nasenlöcher. Gestalte dann den Mund mit einer V-Form und einem Bogen für die Zunge.

6.

Zeichne den Panzer mit Bogen auf beiden Seiten des Körpers, mit weiteren Linien erhält er seine typische Plattenstruktur und wirkt plastisch.

7.

Ergänze weitere Bogen am Bauch für die Unterseite des Panzers.

8.

Zuletzt zeichnest du die Flossen deiner Meeresschildkröte.

WALHAI

1.

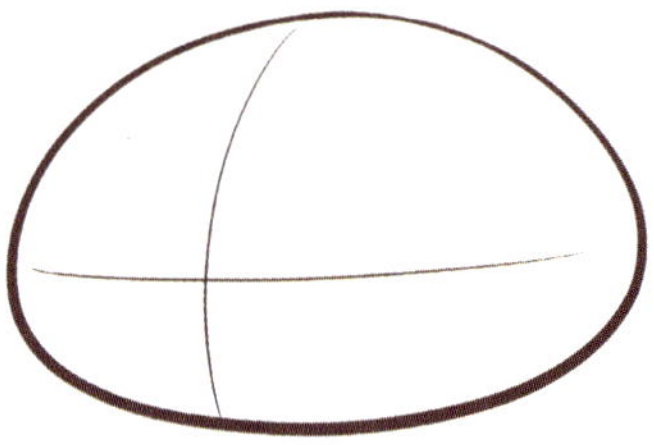

Die Grundform für Kopf und Körper besteht aus einem großen Oval, mit Hilfslinien, die anzeigen, in welche Richtung der Walhai guckt.

2.

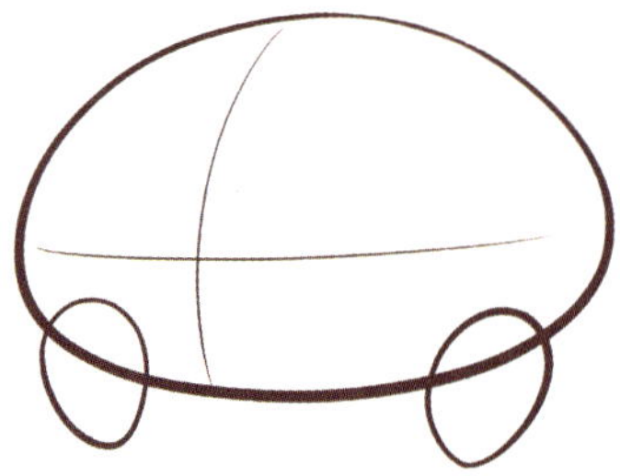

Für die Brustflossen zeichnest du zwei kleine Ovale, die sich mit der Grundform unten teilweise überschneiden.

3.

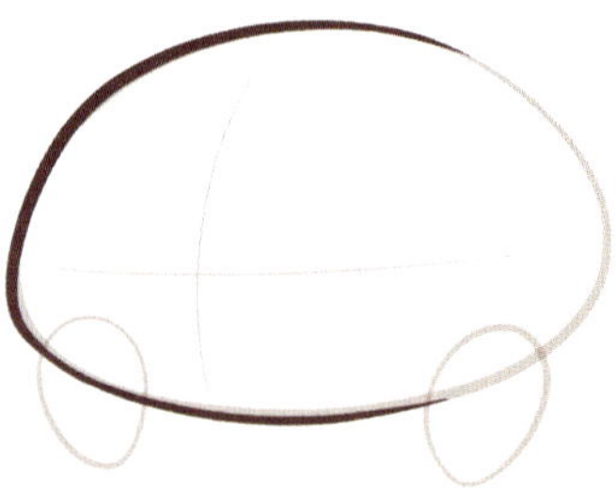

Überarbeite die Form des Kopfs anhand der Skizze.

4.

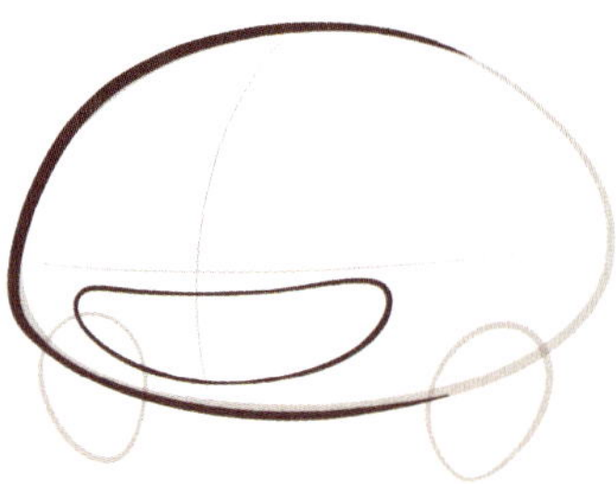

An der Unterseite des Kopfs zeichnest du einen breiten offenen Mund.

5.

Positioniere die Augen – sie haben eine längliche Tropfenform –, ergänze einen Bogen im Mund für die Zunge und füge auf der rechten Kopfseite die Kiemenspalten hinzu.

6.

Überarbeite die Brustflossen.

FUNFACT: Walhaie haben trotz des Namens nichts mit Walen zu tun, es sind Haie und damit die größten Fische der Welt. Sie können siebzig bis hundert Jahre alt werden.

7.

Zeichne zwei aufeinander zulaufende Linien für den Schwanz.

8.

Ergänze nun für die Schwanzflosse einen Halbkreis mit einer U-förmigen Kerbe.

9.

Die Rückenflosse wird mit einer kopfstehenden V-Form gezeichnet.

10.

Füge zum Schluss noch zwei kleine Flossen vor dem Schwanz hinzu und fertig ist dein Walhai.